高等职业院校"互联网+"立体化教材——公共基础课系列

气韵生动（传统美育）

倪淑萍　吴少平　主编

电子工业出版社
Publishing House of Electronics Industry
北京·BEIJING

内容简介

本书是传统美育课程"气韵生动"的配套教材。本书聚焦中华优秀传统文化，内容涉及文字、文学、建筑、舞蹈、武术、玉石、篆刻、绘画、服装、音乐等学科领域，重在诠释古人对自然美的认识、对生命美的理解、对美的品格的推崇以及美的当代表达与传承等。

未经许可，不得以任何方式复制或抄袭本书之部分或全部内容。
版权所有，侵权必究。

图书在版编目（CIP）数据

气韵生动：传统美育 / 倪淑萍，吴少平主编．－－北京：电子工业出版社，2022.7
ISBN 978-7-121-43724-3

Ⅰ．①气… Ⅱ．①倪… ②吴… Ⅲ．①美育－高等职业教育－教材 Ⅳ．① G40-014

中国版本图书馆 CIP 数据核字（2022）第 101827 号

责任编辑：魏建波
印　　刷：天津千鹤文化传播有限公司
装　　订：天津千鹤文化传播有限公司
出版发行：电子工业出版社
　　　　　北京市海淀区万寿路 173 信箱　邮编 100036
开　　本：787×1092　1/16　印张：11.25　字数：288 千字
版　　次：2022 年 7 月第 1 版
印　　次：2022 年 7 月第 1 次印刷
定　　价：49.80 元

凡所购买电子工业出版社图书有缺损问题，请向购买书店调换。若书店售缺，请与本社发行部联系，联系及邮购电话：（010）88254888，88258888。
质量投诉请发邮件至 zlts@phei.com.cn，盗版侵权举报请发邮件至 dbqq@phei.com.cn。
本书咨询联系方式：（010）88254609 或 hzh@phei.com.cn。

> 一切美的光是来自心灵的源泉：没有心灵的映射，是无所谓美的。
> ——宗白华

你是否曾在一幅幅水墨相融的画卷前驻足流连？是否曾在琴韵悠扬的旋律中沉醉忘归？是否曾经因触及美玉的温润光泽而心生喜悦？是否曾经因探寻方块字横竖撇捺的意境而击节惊叹？你可曾想过，为什么汉服交领一定要右衽？古建筑何以钟情于木材？各类型的艺术作品在传情达意时又为何会留下空白？

你的这些所见、所闻、所思、所想，正是中华传统文化美之所在。中华文化的美，不仅在于形式，更在于内涵。它是形式与内容的统一，是物美与意美的结合。其一点一线，一音一形，一明一暗，都蕴含着意义、情感、价值。品味它，欣赏它，既可让我们的感官得到声与色的享受，又能让我们的精神世界变得充盈富足。

走近传统文化，充分开发和利用中华优秀传统文化中的美育资源，以之为载体实施学校美育教学活动，是对国家"弘扬中华美育精神，以美育人、以美化人、以美培元"之方针政策的有效落实，也是增强学生文化自信、完善学生人格的重要途径。

基于此，我们组织校内外各学科领域优秀教师，开发了传统美育课程"气韵生动"，同步制作慕课，编写配套教材。

"气韵生动"四字出自南朝时期谢赫的《古画品录》，本义为绘画技法之一，指的是画中万物的神态要能够达到活生而灵动的程度。但纵观我国传统文化，其意义早已超越了绘画的范畴，在中华文化语境中，它能恰切地反映艺术作品对宇宙万物的气势和人的精神气质、风致韵度的包容，对自然生动之生命力和感染力的追求。

本教材聚焦中华优秀传统文化，选取并设计了十二个专题，内容丰富，视角开阔，图文并茂，浅显易懂。书中内容借助文字、文学、建筑、服装、音乐等学科知识之形美，诠释中国古代传统文化"气韵生动"之神美。

气韵生动（传统美育）

通过"气韵生动"的学习，学生可以更好地理解美与丑的界限，更好地了解审美方法，增加对美的理性认知，提高审美素养，增强美的表达能力；更好地认同民族文化，接纳传统审美情趣，提高文化自信；更好地滋养人生，陶冶道德情操，形成蓬勃向上、努力进取的精神风貌和生活态度，从而达到有形之美与无形之美兼顾、审美提升和心灵涵养共进、传统文化和家国情怀互融的学习效果。

具体而言，本教材具有如下特色。

1. 编排体例

本教材选取了中国传统文化中十二个层面的知识点，以"《三国演义》主题曲在唱什么"引出传统文化中关于物象和意象的认知，梳理从物美到意美的总体审美思路，接着按照古人对自然美的认识、对生命美的理解、对美的品格的推崇、对美的表达与传承的逻辑顺序构建传统审美的学习线索，从文字到建筑、舞蹈、武术、玉石、篆刻、绘画、文学、服装、音乐，以点串线，因小见大，辐射中国传统文化，展示其内在精神意蕴。

2. 编写内容

巧趣问题的引领。十二讲内容，十二个主题，分别以问题命名，比如"'秋'天从哪里来""斗拱如何托起飞檐""国画怎么是'写'出来的""《茉莉花》何以香遍世界"等，从大家曾经知闻的内容切入，引发思考：为什么"秋"这个字形可以形容秋天这个丰富多彩的季节，为什么简单的凹凸能够撑起壮丽的飞檐，国画怎么描写抽象的神与意，《茉莉花》的旋律到底有什么样的魅力等问题。走进各讲内容，每一讲又根据各自的特质分别设计一些环环相扣的小问题，在问题的逐层解决过程中，大家自然而然地认识关于不同审美领域、不同审美对象的审美方法，积累相应的审美经验，提升自我审美能力。

翔实案例的支撑。本教材围绕每一讲主题及其所生发的问题，引介了大量的经典作品案例，广泛展示富含美学元素的各类作品，多维角度展示中国传统审美世界，比如汉字的情境美、建筑的结构美、篆刻的线条美、国画的神韵美、艺术的留白美、《茉莉花》的旋律美，等等，不同形式的美包含着古人对天地、自然、社会、自我的各种观照与认知。学生可以通过对这些美的形式和美的意蕴的品识，更加全面深切地感受、理解中华民族的审美情趣，理解蕴于美中的人文风骨、民族精神。

辅学内容的增设。为了帮助学生更好地了解知识要点、体会各类型作品的风貌，本教材特别增设了一些拓展性的学习内容，有以故事的形式介绍人物、勾勒背景的，有以知识点的形式引介文化的，也有以音视频的方式呈现歌曲的演绎与名物的赏析的。主要内容、次要内容在书中相辅相成，以便更为全面、细致地展示传统文化中美的刻画与表达。

3. 编撰形式

本教材依据主题特性，增加了数量不等的图片及音视频的二维码，多维结合，自由活泼,在充分展示主题内涵的同时,也能更好地方便学生学习。同学们只要拿起手机扫一扫,就可以看到各种精彩的演绎,并在视觉、听觉的共同作用下,在影音、图片、文字的合力阐释中,更为形象地了解传统文化之美,领略传统文化的魅力。

  本书由倪淑萍、吴少平担任主编,张银枝、汪珍、缪猛剑、杨帆、张琳娜、张君浪、胡建君、钱楷、王琼瑶等参与编写。在编写的过程中,我们参考了大量的文献材料,在此向这些资料的作者或提供者表示诚挚的谢意。

  由于编写时间仓促,材料整合匆忙,编者水平有限,书中难免有疏漏和不当之处,敬请广大读者批评指正。

编者

前　言

第一讲 《三国演义》主题曲在唱什么	001
第二讲 "秋"天从哪里来	014
第三讲 斗拱如何托起飞檐	026
第四讲 飘带何以能飞天	038
第五讲 "公孙大娘剑器舞"今何在	053
第六讲 石头也有温度吗	067
第七讲 "岁寒三友"与"国色天香"孰美	079
第八讲 方寸之地透漏出什么气息	092
第九讲 国画怎么是"写"出来的	105
第十讲 林黛玉为什么不露脸	121
第十一讲 "胡服骑射"的影响还在吗	135
第十二讲 《茉莉花》何以香遍世界	155

参考文献　　　　　　　　　　　　　　　　　　169

《三国演义》主题曲在唱什么

伴随着深沉、苍劲的旋律，以及杨洪基老师雄浑、豪迈的声音，一曲"滚滚长江东逝水，浪花淘尽英雄……"，总会让人想起三国时期那一个个经典的场面，那一位位叱咤于时代的英雄。为什么这首歌会有这样大的魅力？歌词写的就是三国时期的故事吗？它为什么能打动你呢？

1994年，由中国中央电视台制作出品的电视剧《三国演义》，片头主题曲为《滚滚长江东逝水》，其词作者是明代的杨慎。

《滚滚长江东逝水》

临江仙
明·杨慎

滚滚长江东逝水，浪花淘尽英雄。是非成败转头空。青山依旧在，几度夕阳红。

白发渔樵江渚上，惯看秋月春风。一壶浊酒喜相逢。古今多少事，都付笑谈中。

当然，本词作为三国故事的开篇，并非电视剧首创。翻开现在通行的一百二十回版《三国演义》，卷首即是此词。那么，《临江仙》是否专为三国故事而作的呢？

气韵生动（传统美育）

一、《临江仙》词是如何走进三国故事的

《三国演义》原名《三国志通俗演义》，是罗贯中在陈寿《三国志》、裴松之《三国志注》的基础上，借用野史杂说、传说故事写成的小说作品。据载，罗贯中为元末明初人，出生于1330年，逝世于1400年。而《临江仙》的作者杨慎，则出生于1488年。可见，在罗贯中完成《三国志通俗演义》（见图1-1）的过程中，可能杨慎的祖父都没有出生，更何况是杨慎呢？因此，在最初的《三国演义》版本中，卷首并没有也不可能有《临江仙》词。

《临江仙》词是如何走进三国故事的呢？这和一对父子相关。

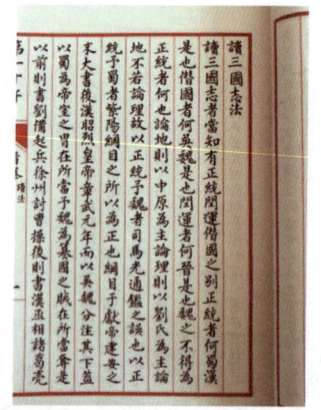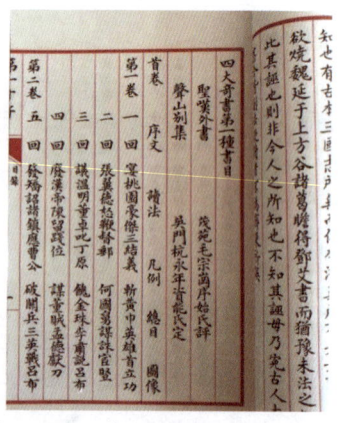

图1-1 线装《三国志通俗演义》（毛评本）

杨慎去世七十多年后，在江苏苏州，文学评论家毛宗岗出生。他的父亲毛纶，是明末清初著名的戏剧评论家，其评点的《琵琶记》是《琵琶记》评点本中最有理论价值的作品。毛纶、毛宗岗父子俩受同乡金圣叹的影响，在得到古本罗贯中《三国志通俗演义》之后，便对之进行了全面的加工润色，增删情节，修正回目，改换诗文，大大地提高了《三国演义》的艺术水准。他们认为杨慎所写的这首《临江仙》，所表达出的人生感悟、历史关照以及豪迈豁达的精神，非常符合三国故事的气质，故置之于《三国演义》的开篇。毛氏父子确实慧眼识珠，事实证明，这是删改《三国演义》过程中当之无愧的点睛之笔。

二、杨慎是谁

杨慎，字用修，号升庵，明代三大才子之一（四川成都升庵祠如图1-2所示）。明

末李贽将杨慎、李白、苏东坡并举,列为蜀中三仙:"岷江不出人则已,一出人则为李谪仙、苏坡仙、杨戍仙。"国学大师陈寅恪更是赞其:"杨用修为人,才高学博,有明一代,罕有其匹。"

杨慎出生于显宦世家,其父为吏部尚书、武英殿大学士杨廷和。杨廷和历经明宪宗、孝宗、武宗、世宗四朝,并在武宗、世宗时期担任内阁首辅大臣,位居百官之首。

图 1-2　四川成都升庵祠

杨慎从小机警敏捷,得前七子之李东阳喜爱,曾受业于李东阳门下。十九岁中举,二十一岁第一次参加会试。据传,当时的主考官王鏊、梁储已挑出他的卷子,认为他写的文章绝对可以在所有考生中脱颖而出,名列榜首,然不曾想一不小心烛花落在了他的卷子上,杨慎的卷子意外烧毁,结果名落孙山。三年之后,正德六年,杨慎二十四岁,第二次参加会试,会试成绩第二,殿试成绩第一,成为当年的状元,被授予翰林院修撰,正式进入仕途。

杨慎作为一代状元,情系天下,志在报国,然却因其为人正直,不善逢迎于上,不好结交于下,仕途很不顺遂。

正德十二年(1517年),明武宗宠信江彬,想要出巡居庸关,杨慎写了奏章《丁丑封事》,认为武宗是"轻举妄动,非事而游",应当停止这种荒唐的行为。武宗不予理睬,杨慎只得称病辞官。

正德十六年(1521年),明武宗驾崩,世宗即位,起用杨慎担任翰林院修撰、经筵讲官。经筵是汉唐以来帝王为讲论经史而特设的御前讲席,是帝王接受儒家教育的主要方式。杨慎常常利用职务之便,联系社会现实教育明世宗。据《明史·杨慎传》记载,当时大宦官张锐、于经已被判处死刑,但通过进献金银,世宗破例赦免了他们的死罪,杨慎在讲课时便特地选出《尚书》里《金作赎刑》这一章,对世宗讲道:"圣人赎刑之制,用于小过者,冀民自新之意;若大奸元恶,无可赎之理。"因而得罪了明世宗。

嘉靖三年(1524年),明世宗诏谕礼部,欲为其父母上册文,祭告天地、宗庙、社稷,群臣一片哗然。杨慎一再上书反对,且偕同同年进士王元正等人"撼门大哭",抗议逮捕朝臣的行为,触怒明世宗,于七月十五日被捕,先后廷杖两次,几乎死去,最后谪戍云南永昌卫(今云南保山县)。

气韵生动（传统美育）

大礼议

　　大礼议是一场皇统问题上的政治争论，发生在正德十六年（1521年）到嘉靖三年（1524年）之间，由以地方藩王入主皇位的明世宗为改换父母称号的问题所引起，是明朝历史上第二次小宗入大宗的事件。

　　朝中大臣分为两派。一派以内阁首辅杨廷和为首，要把武宗和世宗的堂兄弟关系变成亲兄弟关系，祭祀时对其亲生父母自称"侄皇帝"，对明世宗而言，这绝对是不可接受的。另一派以张璁、桂萼为首，认为明世宗即位是继承皇统，而非继承皇嗣，建议明世宗仍以生父为考，在北京别立兴献王庙。这一主张深得世宗之心。

　　随着世宗的根基越来越稳固，杨廷和逐渐失势。嘉靖三年（1524年）七月十二日，明世宗执意为其父母上册文，跪请反对的200多位大臣，等来的是停俸、廷杖的惩罚。至此，反对议礼的官员纷纷缄口，为时三年的"大礼议"以朱厚熜获胜告终。

　　杨廷和总揽朝政时，曾下令裁撤许多办事不力的官员，这些人就在杨慎谪戍的途中，伺机加害杨慎。杨慎一路小心谨慎，才躲过了危险，虽身心俱疲，但总算安全到达云南戍所。

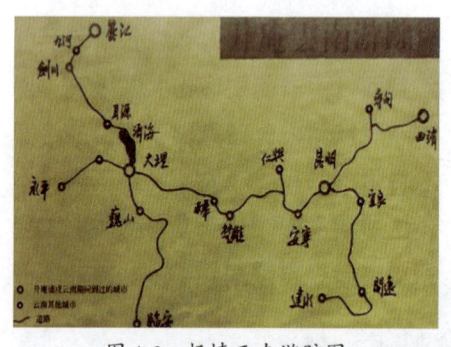

图1-3　杨慎云南游踪图

　　在意气风发之际被贬，固然给了杨慎不小的打击，但杨慎并没有因此消沉，而且对他而言，反而让其拥有了大量的时间可以游历山水（杨慎云南游踪图，如图1-3所示）、博览群书。但令杨慎没有想到的是，他会因为得罪皇帝终老云南，一生不得赦免。

　　在云南的三十五年中，杨慎潜心著述，给世人留下了大量的作品，内容上至"宇宙名物之广，经史百家之奥，下至稗官小说之微，医卜技能、草木虫鱼之细"，《明史》推其为明代"第一"。

　　晚年，杨慎完成了被誉为"后世弹词之祖"的《廿一史弹词》，以说唱的形式讲述历史。《临江仙》便是其中第三段说秦汉的开篇，被视为《廿一史弹词》的压卷之作。

　　对于《临江仙》的创作时间和创作地点，一直都有争论。

　　一种说法以杨慎的十四孙杨德力为代表，他认为杨慎写作本词时正在充军路上："写这词时，他正好戴着枷锁，被军士押解到湖北江陵。当时，一个渔夫和一个柴夫在江边煮鱼喝酒，谈笑风生，他突然很感慨，于是请军士找来纸笔。"诗词中的"是非成败转头空"表达的就是再大的官、再高的位置也是"浮云",而"古今多少事,都付笑谈中"表达的是要用淡定的心态面对尘世。湖北江陵,也是他与妻子分别的地点,他不愿妻子黄娥与他一起经历险恶山川,希望妻子能回老家替他尽好孝道,因此,"他写这首词还有一个意思,就是想告诉自己的妻子黄娥,不要太悲观,要平淡看待生活,并照顾好家人"。

另一种说法认为《临江仙》写于泸州,是在谪戍云南期间,召返无望之际。这种说法以李后强为代表,他从十个角度来解析《临江仙》。第一看词牌名。《临江仙》词牌名原为唐代教坊曲名,又名"谢新恩""雁后归""画屏春""庭院深深""采莲回""想娉婷""瑞鹤仙令""鸳鸯梦""连环"等,杨慎没有用这些名,专门用《临江仙》,这是一名双意。词牌名中的"仙"暗指杨升庵本人,因为他作为犯人,潜居泸州,显然是隐士,是"仙",因此词牌名"临江仙"便有了隐士在江边的感悟这一层隐喻。第二是必须有长江(或看得到长江);第三是必须有滚滚浪涛(地理坡度大);第四是江水必须向东流(东逝水);第五是必须有酒(浊酒);第六是必须有青山(生态环境好);第七是必须有渔樵(打渔砍柴人);第八是必须有英雄(落难大文豪);第九是必须有亲人朋友(喜相逢);第十是必须有"江渚"。通过计算机的检索,同时满足这十大要素的地方只有泸州!因为泸州自古被称为江阳(江城),是内地通往滇黔的咽喉孔道,有长江、有青山、有浊酒、有杨升庵的亲戚、有长江(沱江、赤水河、永宁河、长江汇合)向东流、有落难英雄(杨升庵及其他人)、有四川特有的地理大坡度、有长江上的小岛陆地、有杨升庵在云南与四川之间(经过泸州)的15次往返。当杨慎在江阳看到万里长江从城下绕宝山(今忠山)奔腾而过时,心绪翻腾,感慨万千,于是,写下《临江仙》。

从内容看,《临江仙》将历史叙述与人生感慨相融,自怜身世,感慨兴亡而已,但却让广大读者称赞激赏。它是如何引发这样的阅读效应的呢?

三、《临江仙》写什么

《临江仙》词文字浅显易懂,从字面看,几乎所有的意思我们都能感受解读。

词的上片写景(《临江仙》书法作品如图1-4所示)。

第一句"滚滚长江东逝水",意指长江的水往东流,浪涛起伏,一浪接着一浪。

第二、三句"浪花淘尽英雄,是非成败转头空",长江两岸上演了多少轰轰烈烈的历史事件,出现了多少英雄人物。现在呢?消失了。当年英雄们争来争去,不就是要争

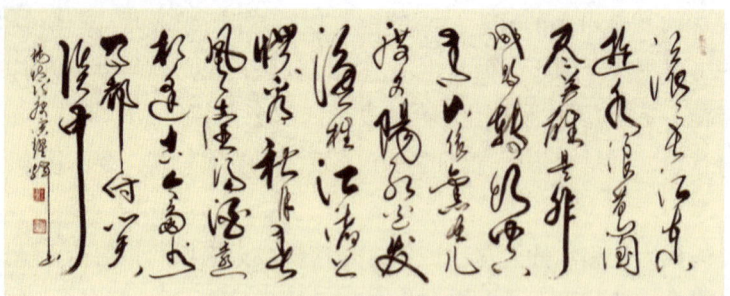

图 1-4 《临江仙》书法作品

一个你对我错,你输我赢吗?现在人哪去了?所以他说"转头空"。

第四、五句,"青山依旧在,几度夕阳红",人都不见了,什么还在?江里的水还在,江边的山还在,还有太阳依然每天升起落下。

词的下片写人。

第一、二句,作者写"白发渔樵江渚上,惯看秋月春风","白发"指的是两个人年纪大了,头发白了,一个渔夫,一个樵夫,在一块江岛上面,年纪那么大了,并且在这样的环境下生活,你说他们看了多少秋月春风?"秋月春风"和"几度夕阳红"是相对应的,白发渔樵都已经经历过了。

第三句"一壶浊酒喜相逢",两个人在干什么呢?喝着一壶浊酒。浊酒是混浊的,就是粮食刚做出来的头一道酒,没有经过什么加工,但是大家很高兴啊,老朋友又见面了,不知道见面多少次了,不知道喝了多少酒了,那么他们一边喝酒一边在干什么呢?

第四、五句"古今多少事,都付笑谈中",他们就在笑谈长江边上发生过的那么多的英雄人物轰轰烈烈的事迹,当时如何了不起。

读完全词,大家会发现,曾经历史上轰轰烈烈、非常了不起的事件,最后都变成一渔一樵喝酒时的谈话资料,一幅幅宏大的场面最终收缩到两个人之间,令人颇为震撼。

然而,杨慎到底在讲什么,怎么讲的,我们了解清楚了吗?

浊酒与清酒

"酒"是古代社会最主要的饮品之一,因为制作工艺的不同,所以有了清浊的区别。古代的浊酒就是不经过滤的黍酒,有酒渣在里面,而清酒就是滤去渣滓的酒,所以常以酒的清与浊作为区别酒的质量好坏的标准,清酒质量好,浊酒质量差。酒的清浊之分,在三国时期就有体现。汉末粮荒，曹操禁酒，一些官员因嗜酒，就会用"贤人"称呼浊酒，"圣人"称呼清酒，喝醉了酒就叫"中圣人"。

四、"山水"就是山水吗

《临江仙》作品总共六十字，水、山是其中反复出现的事物，长江水，浪花，青山，渔樵（一在水中，一在山间）（南宋·夏圭《长江万里图卷》局部，如图1-5所示），可见，山与水是作品中的重要意象。水、山的意思是不是就是眼睛所见的长江之水与两岸青山呢？

图1-5 南宋·夏圭《长江万里图卷》（局部）

水和山，一动一静，一柔一刚，一变一恒，在杨慎之前，文学作品中的山水概念就已经不是纯粹的客观物象意义上的山水，而是有着更为丰富的内涵指向。

比如两千多年前的孔子，就已经在《论语·雍也》中提出了"智者乐水，仁者乐山。智者动，仁者静。智者乐，仁者寿"的观点，赋予山水以人格精神，对后世产生了深远的影响。

就水而言，其在文学作品中有着不同的表现形式，有江水、河水，也有碧波、浪潮等，有时候它表示时间的流逝不复返，如"子在川上曰：'逝者如斯夫，不舍昼夜'"；有时候它表现为一种阻隔，如"所谓伊人，在水一方"；有时候它表达一种愁情，如"问君能有几多愁，恰似一江春水向东流"；有时候它也可以代表思念，如"我住长江头，君住长江尾，日日思君不见君，共饮长江水"；当然它也可表示隐逸，如杜甫的"非无江海志，潇洒送日月"，其中的"江海志"指的就是隐士之志。

同样，山在文学作品中也有着丰富的意义。法国汉学家保尔·戴密微曾说："山岳从未间断过给中国诗人以灵感。"和水一样，山也可以表现阻隔、隐逸和爱情，如欧阳修的"平芜尽处是春山，行人更在春山外"，句中春山阻隔，形容相隔路程之长，表现了所思之人远在他方，渺不可寻；卢照邻《长安古意》中"独有南山桂花发，飞来飞去袭人裾"，句中的"南山"指的是终南山，诗人借此抒发自我淡泊名利、不求物欲的"高士"情怀；《秦风·晨风》有："山有苞栎，隰有六驳。未见君子，忧心靡乐。如何如何，忘我实多。"诗中山隰对举，抒发了女子对谦谦君子的想念和爱慕之情。当然，山也可以表现神圣、永恒、高尚等意味。《诗经·小雅·车辖》写到"高山仰止，景行行止"，高山，比喻的是高尚的品德；而在刘禹锡《西塞山怀古》（人世几回伤往事，山形依旧枕寒流）、《石头城》（山围故国周遭在，潮打空城寂寞回）等作品中，"山"的意象则因其永恒不变成为历史兴衰、人事荣辱的对照和证明。

在《临江仙》中，山水意象联合使用，又表现了哪些层面的意思呢？

第一层意思，山水表现时空的概念。

"滚滚长江东逝水"，它可以视为作者的起兴之笔，不仅写出了长江水滚滚前进一去不复返的实景，更表达了时间一去不复返的历史潮流。曾经叱咤风云的英雄们，都被这翻滚向前的历史潮流一一带走，所有英雄们曾经热衷追求的是是非非，包括成功的喜悦、失败的落寞都随之烟消云散。

如果说江水一直奔涌向前是动态的呈现，那么山就是一种静态的呈现，"青山依旧在"，代表的就是空间。在静止的空间中，时间从未停止流逝的脚步，历史也一直在前进。作者借山水建构了一个宏大的、跨越性的历史时空。

第二层意思，山水体现不变的天道。

更进一层讲，长江水滚滚东逝，历史车轮滚滚向前，青山安然静止，这就是自然社会中不可更改的规律，就是人们口中常说的不变的天道。而与永恒不变之天道相对应的，就是人事的不断变迁。太平盛世也好，凶年饥岁也罢，是逐鹿中原的英雄也好，是江上山间的渔樵也罢，都在天道循环中变换浮沉，直至消散。

当然，作品中代表时空与天道永恒的意象不只是山、水，还有秋月春风及不断轮回的夕阳。它们同山水一起，包容世间一切盛衰兴亡。

五、毛宗岗父子为什么选择《临江仙》

显然，杨慎《临江仙》的创作受到了苏轼《念奴娇·赤壁怀古》及其《前赤壁赋》的影响。杨慎、苏轼，一为明代大才子，一为宋代大文豪，他们作为各自时代的文学巨擘，成就斐然。苏轼的《念奴娇·赤壁怀古》得到了历代评家的赞赏，胡仔在《苕溪渔隐丛话》中更是评之为"语意高妙，真古今绝唱。"然而，毛纶、毛宗岗父子修订《三国演义》的时候,为什么没有选择珠玉在前的《念奴娇·赤壁怀古》,反而选了后起的《临江仙》呢?具体的细节自然无从考证,但大家可以站在读者的角度去感受领悟《临江仙》与《赤壁怀古》所带来的阅读体验上的差异。

  两首词书写的内容有不同。《念奴娇·赤壁怀古》写于苏轼被贬黄州时期,作品聚焦于三国时期赤壁之战以及周瑜个人英雄形象的描绘,于今昔、苦乐的对照中充分显示了苏轼的人生失意和老大伤悲。《临江仙》也是写在杨慎被贬时期,作品通过历史时空的营造,在静与动的转换中表现人事的浮沉、人生的短暂,在永恒与短暂的对照中表达自己对历史、对人生"大彻大悟"的态度。

  两首词对自我的观照有不同。两首词中都出现了一些相同的意象和用词,江、月、酒、笑,但是所营设的氛围却很不相同。苏轼笔下的笑是"多情应笑我"的自嘲,是自笑多情;酒、江、月则是"一樽还酹江月",由独酌浇愁进而邀约江月,在自我、酒、江月的视角转换中实现对人生失意的宽慰与释怀。杨慎笔下的江是"江渚上",是地点,笑是渔樵的"笑谈",酒是"一壶浊酒",月是"秋月春风"之月,惯看秋月春风的渔樵在一次普通的相遇中,饮酒笑谈古今多少事。不难发现,所有的宠辱浮沉,最后不过是等闲之辈的酒中谈资,所有个人所认为的大事最后不过都成了微小的历史尘埃。既然如此,又何必执着于人生的不幸呢?人的作为只有当下的意义,转眼就要湮灭在历史中,所以活好当前才是最正确的选择吧。而考察杨慎在云南的生活,或博览群书,或寻山问水,或著书立说,在还朝无望的情况下依然不虚度光阴,积极生活,不正是本词的极好印证吗?

  可见,杨慎的《临江仙》是将人生观熔铸于历史观,从历史长河的角度看待个人的得失,相当于一篇简洁精悍的史论。现代词学家夏承焘的《金元明清词选》中记载:"前人丁绍仪《听秋声馆词话》以'清空'二字评之,诚然。"何谓"清空"?清就是清澈,空就是空灵。《临江仙》又为什么称得上"清空"呢?因为它简洁透明,又气势弘大。言语似只停在山水时空,精神却已收纳天地宇宙。

  因此,尽管《临江仙》不是为三国故事而创作,篇幅中也没有一字涉及三国,但却能将历史真理用通俗易懂的语言进行表达,极为契合毛纶、毛宗岗父子修订《三国演义》的目的,以及《三国演义》作为章回体演义小说的气质风格,故而置之于开篇是恰到好处的选择。

六、物象与意象是什么

在前面对《临江仙》词的分析中，我们提到了两个概念——物象与意象。

何为物象？

物象与意象这两个词中有一个共同的字——象，"象"的本义就是"大象"，陆地上现存最大的哺乳动物。

给"象"组个词，大家很容易就会想到"现象"。"现象"的意思不难理解，一件事情就是一个现象，看到的东西、听到的东西，都可以叫现象。由此类推，所谓的象，其实就是人类用感觉器官就可以把握的事物或者现象，换言之，看得见、摸得着的就是象。这就是关于象的一般理解，也是关于物象的基本理解。

因此，我们可以说，物象即是客观事物，不依赖于人的存在而存在，它有形状、颜色、有声音、味道，是具体可感的。由这层意思引申开来，在文学艺术作品中，艺术家们所描写表现的对象也称为物象。

何为意象？

不管是现实世界中的事物，还是文艺世界中的事物，都既有看得见的、可感的被称为物象的部分，也有看不见的、不可直接感受的部分，这部分也与象有关，人们就用另一个词来形容——意象。所以科学家们可以尝试复原动物们原来的形体样貌，但是却无论如何也无法复原出它的象征意义。因为这部分看不见，摸不着，需要人通过想象理解、感受体验才能认识。

 **知识拓展**

宾馆、酒店的门口为什么会立着两头大象

大象，自古以来就是一种灵兽，"象"谐音"祥""相"，含有吉祥如意和出将入相的文化内涵和美好祝愿，在中国民间具有深刻的影响和良好的群众基础。我们常见的"太平有象"的题材，就寓意着天下太平和五谷丰登，在许多的艺术器型之中，象形纹饰也随处可见，带给我们非常多的艺术感受和美好的吉祥祝福。大象还与佛教有着密切的关系，佛经之中记载的释迦牟尼的大弟子普贤菩萨的坐骑，就是白象。象的四足代表着"四如意"，即欲如意、念如意、精进如意、慧如意等，把我们带进了浩瀚无垠的佛教教义之中。

所谓意象，就是寓"意"之"象"，即用来寄托主观情思的客观物象，是主观的"意"和客观的"象"的结合，是赋有某种特殊含义或文学意味的具体形象。

比如梅、兰、竹、菊，本是自然界的四种植物而已，但却因其物性被赋予了独特的文化意义，成了中国传统文化中的风采各异的四君子：梅，探波傲雪，剪雪裁冰，一身傲骨，是高洁志士；兰，空谷幽放，孤芳自赏，香雅怡情，是世上贤达；竹，筛风弄月，潇洒一生，清雅淡泊，是谦谦君子；菊，凌霜飘逸，特立独行，不趋炎附势，是世外隐士。这就是我们在各种作品中可以品到的四君子的含义。

袁行霈在《中国诗歌艺术研究》中将意象从内容的角度分为五大类：自然界的，如天文、地理、动物、植物等；社会生活的，如战争、游宦、渔猎、婚丧等；人类自身的，如四肢、五官、脏腑、心理等；人的创造物，如建筑、器物、服饰、城市等；人的虚构物，如神仙、鬼怪、灵异、冥界等。不管何种类型，在各自所处的文艺作品的情境中，都蕴含着有别于客观物性特点的主观意旨。

那么，物象与意象之间有什么关系？

物与意是象的一体两面，两者是互为表里的关系。

物象是意象赖以存在的基础。物象走进作品，融入创作者的主观情思，物象便成了意象。唐代的李阳冰在《论篆》中云，"于天地山川，得方圆流峙之常；于日月星辰，得经纬昭回之度；于云霞草木，得霏布滋蔓之容"，即把自然物象作为创造书法意象之美的基础。

在文学艺术中，有意无象只能视为单纯的说理或抒情，不能视作意象。比如马致远的《天净沙·秋思》："枯藤老树昏鸦，小桥流水人家，古道西风瘦马。"三句十二个意象，营造了悲凉忧伤的气氛。而在同样表现秋天的刘禹锡《秋词》中："自古逢秋悲寂寥，我言秋日胜春朝。"作者直接盛赞秋景的美好，表现了自己的乐观豁达的情怀。

物象的特征影响着意象的呈现与表达。

宗白华在其《中国书法里的美学思想》一文中如是表述："有了骨、筋、肉、血，一个生命体诞生了。中国古代的书家要想使'字'也表现生命，成为反映生命的艺术，就须用他所具有的方法和工具在字里表现出一个生命体的骨、筋、肉、血的感觉来。但在这里不是完全像绘画，直接模示客观形体，而是通过较抽象的点、线、笔画，使我们从情感和想象里体会到客体形象里的骨、筋、肉、血，就像音乐和建筑也能通过诉之于我们情感及身体直感的形象来启示人类的生活内容和意义。"可见，正是客体形象中的"骨、筋、肉、血"，才让我们的艺术呈现出更加富有生命力的美学意义。

气韵生动（传统美育）

知识拓展

赵孟頫写"为"字

宗白华在《中国书法里的美学思想》中提到，元代的赵孟頫（楷书四大家之一），在写"为"字时，得到"鼠"形的暗示，习画鼠形数种，穷极鼠形的变化，并将领悟所得运用于"为"字的书写中，使笔下的"为"字更有生气、更有意味，内容更丰富。

意象是对物象的艺术创造。

意象当然不是物象的简单再现，物象、意象的转换之间是一种艺术的创造。因此，同一物象在不同的创作者笔下，在表现不同情志的作品中，可以构成不一样的意象。

比如由竹构成的意象，"万古湘江竹，无穷奈怨何？年年长春笋，只是泪痕多！"湘竹，体现的是无尽的离愁与思念；李商隐《初食笋呈座中》："嫩箨香苞初出林，於陵论价重如金。皇都陆海应无数，忍剪凌云一寸心？"作者借嫩竹表现自己的凌云之志，嫩竹被剪反映了被贬的忧愤之情。因此，"同一个物象，由于融入的情意不同，所构成的意象也就大异其趣。"

欣赏艺术，是应该欣赏物象，还是欣赏意象？中国文化告诉我们欣赏的是意象。正如王弼的《周易略例·明象》所言："尽意莫若象，尽象莫若言。言生于象，故可寻言以观象；象生于意，故可寻象以观意。意以象尽，象以言著。故言者所以明象，得象而忘言；象者所以存意，得意而忘象。"

得意忘象，透过物象，感受、体验、领悟背后之意，我们才能成为传统文化的知音。

主讲教师：顾骏

全国知名课程思政教育专家，社会学家

金华职业技术学院"课程思政研究中心"首席专家

◎ 领衔的"顾骏团队"获上海市课程思政教学科研示范团队、中宣部基层理论宣讲先进集体。

◎ 策划并主讲"大国方略"系列课程，主编的教材获上海市中特理论通俗读物著作一等奖，研究成果获国家教学成果二等奖。

◎ 主持国家精品在线开放课程———"创新中国"。

主讲教师：沈滨凯

教授

金华市"文化人才"

◎ 主要研究方向为钢琴演奏。

◎ 主持完成省部级课题1项，核心参与7项。

◎ 在《中国音乐学》《艺术百家》等专业期刊发表论文30余篇，其中一级期刊1篇，CSSCI收录5篇，参编《大学音乐基础与欣赏》教材。

"秋"天从哪里来

它总给人丰收的喜悦,也总给人凋零的悲伤;有时它有"霜叶红于二月花"的艳丽,有时它又是"草木摇落露为霜"的凄凉。这样一个多变的季节,古人为何选择用"秋"这个字形来形容它呢?"春""夏""冬"又是因为何种机缘可以指代其他三个季节呢?我们熟悉的那么多汉字究竟是从哪里来的?

"昔者仓颉作书,而天雨粟,鬼夜哭。"中国古人寻求天人合一的思想,为了突出历史人物或某一事件的重大,往往将其与奇异的征兆相联系。例如,华胥国首领华胥氏踩神明脚印,感孕而生伏羲;孟子降生时,头顶笼罩五色祥瑞之气。汉字的诞生,也被古人赋予了惊天地、泣鬼神的壮迹,以之赞美仓颉造字的丰功伟绩,揭示汉字"出世"所产生的惊心动魄的力量。

作为上古时期各大文字体系中唯一传承至今且持续使用时间最长的文字,汉字在华夏民族发展历程中的重要性不言而喻。因为有了汉字,信息传递与经验积累有了不同于语言的又一重要基本载体和工具。不同语言的部落之间通过汉字传递信息,得以消除误会、消除厮杀。当然,汉字的重要性不只体现在横向上。华夏民族在历史的洪流下,借助汉字积累世代经验技术。通过汉字,后人得以了解祖先创造出的技术手段。本领继承与智慧传承使得华夏民族及文化在很长一段历史时间内保持在世界领先水平。到现在为止,汉字始终介于象形文字与表音文字中间,既不全是纯粹的象形文字,也不是纯粹的表音文字,而是兼而有之,这在全世界是独一无二的。

现存的甲骨文为中国思想之渊薮,为考察中国传统文化的由来、特质、品格与演绎渊源提供了最真实的素材。

一、象形造字——汉字的诗情画意

象形文字由图画文字演化而来，是一种最古老的字体。虽然现代汉字已经脱离纯粹象形文字的范畴，但汉字诞生之初的甲骨文无疑是当今世界现存的象形文字之一。有趣的是，不光是华夏民族，在整个世界范围内，无论是东方文明、西方文明，还是其他大大小小的文明，都有一个共同的特征：在塑造文字这种信息载体的时候，都是靠自己的直觉和感知把看到的、体会到的、感知到的画下来，这就是为什么我们所有人种、所有人类的祖先最初都是用象形创造文字的一个原因。

汉字的诗情画意

（一）"秋"从哪里来

汉字的造字方法称为"六书"，即象形、指示、会意、形声、转注、假借。其中，最原始的造字方法是象形，即用线条或者图画把想表达物体的外形特征具体地勾画出来。熟悉的"日""月""人"等字都是通过这种方式创造出来的，这些文字至今仍能在字形上找到其与所指事物之间的相似性。然而，汉字当中也有许多文字已然完全抽象化，无法辨认其由来。那么它们又是如何被创造出来的？

创造文字的一个重要前提，就是具有构建画面、营造情境的能力。从造字本源来讲，许多汉字都是某种情境的再现。鲁迅先生在《汉文学史纲要》中提出："汉字具三美，意美以感心，一也；音美以感耳，二也；形美以感目，三也。"物形可以刻画，物声如何模拟？还有更抽象的一些事物如何表示？这些问题在甲骨文"秋"字的分析上可以得到完美解释。

为什么用"秋"字表示秋天？"秋"字营造了什么样的情境？郭沫若这样解释："秋"在甲骨文中写作"𧑒"（见图2-1），字形是在模仿有触角的虫子，即蟋蟀之类。蟋蟀在临秋时候叫得格外响，不断发出"啾啾"的叫声。"𧑒"字的外形加上"啾啾"的声音，就组成了甲骨文的"秋"字，用以代表特定季节的某一段时间。形态加上声音，"秋"的造字本意就是这样的。

气韵生动（传统美育）

甲骨文 秋　　甲骨文 秋　　金文 秋

图 2-1　甲骨和金文中的"秋"

有的甲骨文中还会使用"🝔"来表示"秋"字。"🝔"的上半部分含义即为蟋蟀，下半部分的"🝔"是"火"的甲骨文。秋天天气转凉以后，蟋蟀等爬虫为了取暖，常常会往篝火旁、炉灶边等人类栖居地中温暖有火的地方躲藏。因而，当蟋蟀纷纷往灶火边跑的时候，秋天也就来了。古人正是凭借着对自然界中情境事物的理解和记忆来创造与完善汉字的。

那么，"🝔"后来又是如何变成我们如今见到的"秋"字的呢？从字体的演变中大略可以窥见一二（见图 2-2）。甲骨文里面的"秋"在演变成篆书之时，前面蟋蟀的头部为了书写的便利省略为一个圆，它的触须变成了肖似禾木的状态。这个时候，人们考虑的是将汉字符号简化、抽象，以便能够更加快速地完成书写传递。再后来，人们觉得还可以更简化一些，于是就干脆去掉了大部分躯干，将笔画直接变成了"禾木"的"禾"，而"火"字依然保留。这一状态的"秋"实际上在造字本源上已经出现了断层，但是细细分析后仍然可以追溯。中国上古时期的人民就是如此凭借丰富的想象力与对生活中周边世界的细腻观察创造着世界上最古老的文字。

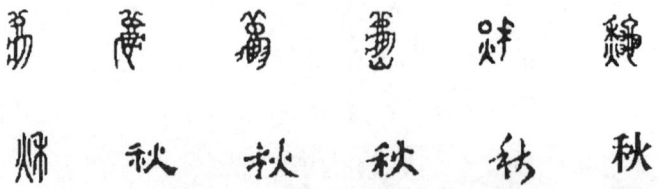

图 2-2　不同阶段的汉字"秋"

用构建画面、营造情境的方法，我们同样可以了解"春"的由来（见图 2-3）。"春"字何以表示春天之意？从它的构架中可做出分析。"春"字的甲骨文为"🝔"，"🝔"的上下皆为小草，中间部分为日，表示小草沐浴在阳光之中。"🝔"表示正处于生长状态的小草，是"屯"的甲骨文字，象形草木初生时曲折而又艰难生长的形状。被称

图 2-3　汉字"春"的由来

016

为"百经之首"的《易经》中有一"屯卦",正是取"万物始生,充满艰难险阻,然顺时应运,必欣欣向荣"之意。通过这样的解释,"𣎴"字所描绘出的意境也就不言而喻了:自然界的草木沐浴在阳光之下,有的初生,有的则已开始生根发芽、渐渐长大,这不正是春天万物复苏的场景?甲骨文"𣎴"构建了春天的意境,用以表示春天。

等发展到隶书的时候,"春"已经很接近现代使用的字形了(见图2-4)。"日""草""屯"皆被保留,上面的草木和屯逐渐合并成为同一部分,变成"𣎴"。甲骨文多变的、随意的组合逐渐被固定成上下结构,"春"字也即形成。这种造字方法,就是会意字。

图 2-4　不同阶段的汉字"春"

造字方法之一——会意

会意是通过两个或两个以上的独体字根据意义之间的关系组合形成新字的造字方法。人们把表示有关事物的文字按照一定的方式组合在一起,让人们通过经验和意识来体会其中的意思。例如"休"字,从"人"从"木",甲骨文作"𠊎"。这个字的组合方式表现出了人与树的关系——人倚树下。"背靠大树好乘凉",人们根据在野外劳累之后常于树荫下休憩的经验,就能理解这是"休息"的意思。"春""秋"等字皆是通过会意造字法创造出来的。

"秋""春"的造字来源是对自然界某一场景的描绘,体现了中国古人对于自然界的观察,而"夏""冬"等字的形成则与人类的社会活动息息相关,是在某一时序下对人类社会典型活动的场景性重建。

"冬"字的造型很大程度上来自于结绳记事。甲骨文中的"冬"用"∩"来表示。"∩"实际上是"终"的本字,象形绳两端的绳结,表示丝绳的两端有结,即结尾、尽头之意(见图2-5)。古人为什么要用两个结与一根绳段来代表冬呢?从"冬"字的含

017

义着手,就很好理解了。古人观察植物生长后发现,四季是按照由春到冬的周期循环往复的,于是就直接借用表示事件终结的"∩"来表达一个周期结束。冬为四时之尽,为了更加具体、更能区别本义,后人就把太阳加进去,形成了符号"⊙",来强化"四时结束"这一概念。以上符号在某一时间段中有可能是并行的,同一时间会出现这两种字体。再后来,人们发现冬天十分寒冷,往往到处都是冰天雪地,于是又加了代表结冰的符号"仌",形成新的符号"冬",以模仿冬天四处结冰的状态,这一时期的"冬"已经很接近楷书中的文字了(见图2-6)。

图2-5 结绳记事与"冬"的由来

图2-6 不同阶段的汉字"冬"

"夏"字可能和远古时期的祭祀活动有关。汉字发明之初,以符号"夓"来表示夏天。仔细看这一符号"夓"是在象形文字中人屈膝时的动作。著名语言文字学家戴君仁分析时指出,"夓"是在模仿人类跳舞。何以用舞蹈来表示夏呢?上古时期,歌舞往往和巫术、祭祀相联系。"祈雨之祭,古之所重",祈雨祭时所用的歌舞声容十分盛大,是当时重要的祭祀活动,因而以夏季中重要的祭祀活动来代称夏。在战国的金文中,也有写作更形象的"夓"(如图2-7第3)。于是,"夓"所象征的场景也就十分明晰了:炎炎夏季之时,忙于耕作的人们在某一重要日子里举行盛大的祈雨祭祀,巫觋在祭坛上跳起祭神歌舞,以祈求甘霖降临。由于这是夏季之中十分重要的日子,于是也就成了夏季的代表。

图2-7 不同阶段的汉字"夏"

(二)"天"从哪里来

中国人讲究天人合一的处世理念,"天"与"人"在中国文化中占有十分重要的地位。天人合一思想从始至终一直贯穿于华夏文化领域,也贯穿于每一次的审美认知、审美意识的转变过程。天人的关系问题更是中国传统文化之树上的重要枝干。它既包含着中国人对人生观、价值观的理解，也包含着中华文化体系下人与自然、个体与群体的关系。许多问题都是在它的荫庇之下存在和消长的。在原始社会人的智慧尚未开化的阶段，华夏先民将"天"视为有意志的神灵，万物生长、春耕秋收都要根据天的意志进行，"天"也就被赋予了"高于人"的地位与含义，这在汉字中也有所反映。

汉字是我们祖先逻辑性思考的体现，他们对于不同事物在不同时期和状态的描绘以及对它的属性思考是很深刻的。明明同样是在象形人，但不同的状态却能表现出完全不同的含义。"呆""丫""大"看似一样，实则花开两朵，各表一枝，不同的形态被赋予着不同意义。

在汉字中，"天"的形成与"人"字又有着千丝万缕的联系。甲骨文中的"人"写作"丫"。林义光的《文源》指出，此字是在象形人侧立的形态，头背臂胫，一应俱全。而"天"字的甲骨文写作"呆"，在象形正面直立人形象的基础上，尤其夸大了人的头部部分，因而，"天"的本义是指头顶。例如，中国上古神话中著名神话人物——刑天命名的由来就与此相关。相传炎黄两位部族首领征战时，炎帝派出部下刑天与黄帝争位，黄帝断其头颅，并将其脑袋葬在常羊山。"刑天"的含义，就是指他被黄帝刑其头颅，这里明显是以"天"指"头"。

等到了后来，"天"的含义随着字形渐渐发生转移。带着大大头颅的"呆"在发展过程中变成了"天"，下半部分仍然效仿人形，而上半部分的指事符号"一"则用以指示人头顶上方的空间。由于天空在人们的头顶"至高无上"的地方，原本指人头顶的"天"也就引申出了"青天"的含义（见图2-8）。

图2-8　不同阶段的汉字"天"

造字方法之一——指事法

指事是用象征性的符号来表示一个事物的意义或在象形字上添加一个符号表示一种新的意义

的造字法。例如,"刃"字是在"刀"的锋利处加上一点,指出刀刃的位置;"本"字则是在"木"字下面加一横,表示树根所在;"凶"字是指地上有一个深坑,走路的人没看见而踏空掉进坑里,"凵"代表深坑,中间的"×"符号就是象征在陷阱里放置的致命的危险物(交叉而置的箭)。

"天"字构建出的意象是什么样的?古人在那个茹毛饮血的年代呱呱坠地,脚踩大地,看到头顶上这片波谲云诡的神秘领域,时而云海翻腾,时而万里长空,时而危机重重、打雷下雨,时而一片祥和、飞鸟掠过。对天的好奇使得古人情不自禁伸开双臂,然后仰望头顶上那令人神往的空间,向往着终其一生也无法到达的纯真之地。"天"的形象与其留给古人的感觉,也就通过汉字的创造传达给了后人。

图2-9 汉字"人"的形与意

刚刚提到的"人"的本字"𠆢"(见图2-9),实际是造字当中极具代表性与富含哲理意味的文字。为何要用"𠆢"这个侧身人的图画来作为"人"的文字?这是因为我们祖先老早就已经发现人类与其他物种的区别。作为一种高级动物,人与其他动物的根本区别就在于会在劳动中使用工具。"𠆢"描绘的就是人类躬身劳作的状态,甲骨文经过变动,最终拿这样一个符号来比作人,而没有用"大"等符号,正是肯定了劳作在古人生活中的重要地位。另外,作为基数最大的一类群体,农业经济之下躬身劳作的"𠆢"也代表了上古时期大部分古人的生活状态。再往远说,"𠆢"这一符号也象征了刻入中国人民基因、随着血脉不断传承的立身之法:以一种谦卑的姿态立于天地之间。至今,这一立身之法无论是在人际关系、大国关系,还是中国所推崇的为人处世方法中都仍然有所体现。这与西方的尚力传统形成鲜明对比。

与躬身劳作的"𠆢"相区别的是直立的"大"。"大"看起来也是人,但与谦卑地整日躬身劳作的"𠆢"不同,"大"模仿的是人的正面,扬其双手,张其两足(见图2-10)。

图2-10 汉字"大"的形与意

所以,"大"最初也指人,但这一类人与"𠆢"所指的人有所区别,特别突出人体的张开状态,以躯体之硕大表示大小之"大","大"也就发展成了后世的"大",属于借形表意的用法。

实际上,汉字的造字与电影、文学具有相通之处,它们共同指向了一个主题——诗情画意。

电影是艺术发展到非常综合、非常全面立体时所生成的艺术形式，它既有画面，也有声音。文学本身更是来自于人的想象力。不管是一个字、一个成语，还是一篇散文、一部小说，其内涵都有诗情画意。"秋"字的解析很容易构造出一幅画面，如果将这一画面展开，写成文学脚本，就成为一部动画片；如若再将其他的情境融入进来，人物角色与场景选择更加宏大，构建出相关联情境，便可以形成电影。可以说，一个汉字背后包含着先人丰富的想象力与创造力，体现中国文化中对意的追求。正是这种诗情画意支撑着我们的文学、汉字、电影等艺术形式，构成中国的意象美。所以，本讲与其说是在解析汉字，不如说是在解释汉字里面的诗之情、画之意。

二、书法审美——汉字的神采意韵

象形赋予汉字意象之美，书法则赋予汉字形态之美，使之"形神兼备"。书法源自于对汉字美的审视，在文字形成后的2000年里深深植入中国人的血脉、植入中华文化之中。对汉字形态的审美意识不仅包含了东方的美学观与艺术观，也包含了中华民族的哲学思想、民族文化、民族审美、民族精神。甲骨文的古拙、汉隶的舒展、唐楷的端庄及行书的洒脱等，无不表现出民族审美观及书法家对美感孜孜不倦的追求。

书法与其他艺术一样，好的作品往往富有"情趣"。这里所谓的"趣"，是指其神采意韵的生动性、趣味性。当欣赏者观察书法作品的时候，不仅产生感情，还悟出了某些规律，悟出人生的道理。将这些对于艺术的认识，不是抽象地概念化地进行叙写，而是能够结合情景、具体地生动地表达出来，这就是有"趣"的佳作。泰山刻石残石（拓本），如图2-11所示。

汉字在演变成篆书的时候已经非常优美了。毛笔的发明使得原本线条细瘦、棱角分明的汉字多了一份典雅庄重。写篆书时，人们开始有意识地改造甲骨文中各种各样尖锐的笔画，尽量将其包裹起来，这就成了中国书法藏锋的开始。中国篆书点画均为线条，讲究圆起圆收、疏密得当，重视对称美和中和美，体现儒家中庸思想所主导下的审美观念，欣赏篆书也要从这两点入手。

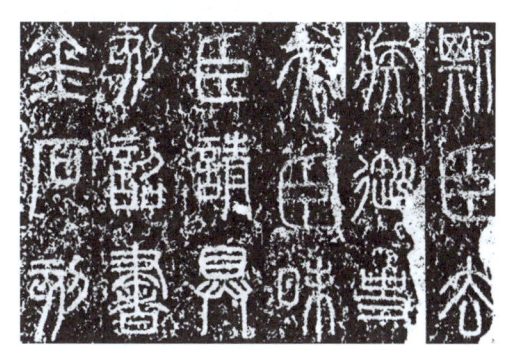

图2-11 泰山刻石残石（拓本）

气韵生动（传统美育）

知识拓展

蒙恬造笔

毛笔在秦朝的时候就得到了广泛的使用。在毛笔的制笔工艺发展过程中，蒙恬的改良起到了非常重要的作用，加上其影响力十分巨大，后就认同他为中国毛笔之祖。蒙恬带兵作战时，需要定期写战报呈送秦始皇。但是，当时被广泛应用的毛笔由兔毛制作，由于兔毛自带油脂不吸墨，写字并不方便，蘸了墨没写几下又要重新蘸，而且写出来的字还很粗糙。蒙恬写了没一会儿，便心浮气躁，一气之下顺手就将毛笔扔出帐外，继而蒙头大睡。等到第二天早晨突然想起此事，出门到处找笔，随后在熄灭的篝火旁边捡回。在火堆前炙烤过的兽毛油脂被烤得非常干净，油脂都被除去了，吸水吸墨能力大幅增加，写字也更加顺畅了。此种方法在蒙恬的影响下也逐渐流传开。

隶书作为一种起源于秦朝、通行于汉代的新式字体，打破了篆书曲屈回环的形体结构，形成了书写效果略微宽扁、横画长而直画短，讲究"蚕头雁尾""一波三折"的特点。隶书由程邈改革而成，在东汉时期达到顶峰，书法界素有"汉隶唐楷"之称。篆书钝化甲骨文棱角分明的笔画，虽然增添了美感，但是极大影响了文字的书写效率。隶书为了克服缺陷，重新变圆为方、变曲为直，调正笔画之间的断连，省减笔画结构，加快了汉字书写速度。汉字至此终于突破象形性，向抽象化靠拢，朝"去其物形而保留物意"的方向迈进。代表作品如图2-12所示东汉《曹全碑》局部（拓本）。

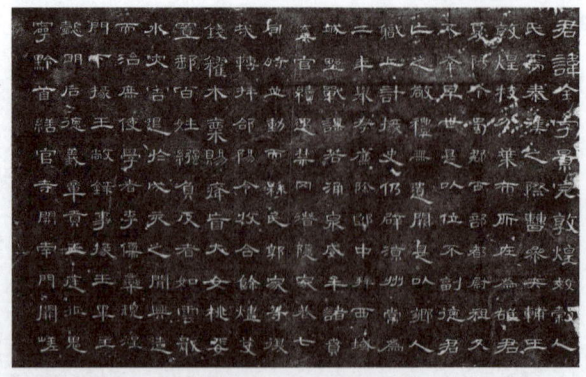

图2-12 东汉《曹全碑》局部（拓本）

差不多同一朝代，作为工整的隶书字体补充的草书也随之出现，满足了使用者简便易写的要求。早期草书是跟隶书平行的书体，它打破了隶书的方整严谨，是一种草率的写法，称为"章草"。汉末的草书进一步"草化"，脱去隶书笔画行迹，上下字之间笔势牵连相通，偏旁部首也做了简化和互借，称为"今草"。今草发展到唐代，字形奇变百出，形成了极具艺术魅力的"狂草"。

章草

章草，是篆书演进到隶书阶段相应派生出来的一种书体。它属于草书由胚胎时期逐渐走向规范化过程中的一种体段。章草非一时一人所创造，它是从秦代的草隶中演化出来的，经过长期流行通用，继而约定俗成。章草大致形成于西汉宣、元之间，兴盛于东汉、三国及西晋，成为一种成熟完善的书体，代表了西汉至东晋时期四百多年间草书艺术的面貌。"章草"的命名历来说法不一。旧说或曰为章帝所爱，或曰用于当时奏章，或曰元帝时史游用于书写急就章。从"章"字的本义来分析，它的准确含义是篇章、章法、章则，含有法度的意思。东晋新体草书形成后，由于旧体草书法度严谨，遂称"章草"，新体草书则称"今草"。所以说，把当时规范化的、章法化的草书称为"章草"，还是十分允当的。

楷书肇始于汉魏，鼎盛于盛唐，延伸于宋元明清，是我国封建社会最流行的一种书体之一，也是中国传统抄本最主要使用的书体。因有通俗易识、端正庄严的特点，所以殿宇庙堂之匾额楹联、纪功颂德之碑文，多用庄重肃穆的楷书，这是中华民族共有价值观念的选择。楷书作为传承美学观点和价值观念的载体，受到了传统经典美学的认可。

汉字书法虽有多种，但神采意韵是其共有之魂。在汉字发展过程中，新字体的发明并不代表旧字体的消亡。汉隶取代秦篆之后，小篆仍然活跃于金石艺术之中，古代的印章几乎一律采用小篆。草书自从发明之日起就没有能够成为某个朝代的主要字体，但也不影响它流传至今。每一书体特有的神韵，正是其得以各自留存的重要原因。当隶书出土的时候，汉朝的风貌随之扑面而来。唐楷也是如此，当骨力遒劲的唐楷展现在面前，立刻就会想到那个王朝发生的事情与当时人文气息和文化风貌。这是不同朝代美的意识营造出来的气氛在汉字书体中的凝结。

三、汉字形意之美

汉字诞生之初便具有很强的写意成分，字形像图画一样优美。它除表达人的意志内容外,还具有很高的观赏和审美价值。对部分甲骨文的解读虽然仁者见仁、智者见智,但正是这种似是而非的不确定的美,丰富了中华传统文化中用笔与刀创造出的充满情趣的文字世界。朱光潜先生说过:"美感的世界纯粹是意象世界。"美的意象世界并不是一个客观存在,它是将人的主观与客观存在结合产生的充满情趣的感知世界,也就是美学界常说的情景相融的世界。

  作为当今世界唯一仍在大规模使用的自源文字,汉字不仅成为其他文字赖以产生的基础,而且保留了自身的性质。需要指出的是,并非全世界的每个民族都有自源文字。不少民族的自源文字随着历史变迁与民族兴衰而消亡,有的民族则是依靠借用他人的文字完成语言记录。至于中国特有的传统艺术——汉字书法,其扬弃、取舍、进化的过程更是集中体现了中华民族的精神气质。

 知识拓展

自源文字

  不依傍其他文字而独立创造出来的文字叫自源文字。与之相对应的叫借源文字,也有的版本叫他源文字,即指依傍着其他文字而创设的文字,如日语,其中的假名就是借源于汉字的草书。自源文字包括古中国的汉字、古埃及的圣书字、居住在古美索不达米亚的苏美尔人的楔形字和中美洲的玛雅文字等。

  汉字不仅美在意象,也美在形式。它的创造与变迁过程,每一步都掺杂着中国人的审美意识、审美观念:觉得这样比那样好,这样比那样美。这种对美的不同抉择,恰好是中国文化不同于其他文化的特殊之处。动态变化与笔画变迁十分直观地反映了中国人的审美取向——用意境呈现美感。对汉字进行意境构造的过程,每一步深深渗透一代又一代中国人对美的感知与表达。书法艺术更是将中国人对汉字的审美直观展现出来,以文字艺术的方式展示民族性格。它的结构方式、视觉造型、章法排列都传达美感。从图画象形到抽象表意,从浑然入序到追度求韵,中华文化对气与韵的追求一以贯之。

主讲教师：钱楷

书法家 / 艺术家 / 上海大学上海美术学院讲师韩国国立艺术综合大学高级访问学者、上海机器人产业技术研究院高级 UI/UX 设计师、上海金矢机器人设计总监

◎ 专业研究与教学方向为书法创作与审美、艺术与审美以及人工智能应用场景设计。

◎ 曾获上海市"读懂中国 传承经典"美育教学典范等教学奖项。

◎ 曾多次受韩国文化部邀请赴韩学术交流，举办个人艺术展览。

斗拱如何托起飞檐

中国古建筑,有雕梁画栋的精致之美,有飞阁流丹的色彩之美,有碧瓦朱甍的恢宏之美,有珠窗银瓦的雅致之美。独树一帜的屋顶作为中式建筑最富艺术魅力的组成部分,被誉为"建筑的冠冕",而流畅灵动的飞檐设计更是赋予了中式屋顶活的灵魂。那么,究竟是什么托起飞檐的美呢?

飞檐与斗拱作为中国古典建筑的重要结构形式,在古代建筑史中具有极其重要的地位,它们的产生与发展经历了漫长的过程。在中国古建筑中,斗拱与飞檐不但具有建筑与装饰作用,同时也是社会等级与身份的象征。

一、飞檐为什么要飞起来

(一)飞檐的概述

在《诗经》里有这样的句子:"如鸟斯革,如翚斯飞",意思是人们将屋顶的檐部做成飞鸟状,像一只大翚鸟一样展翅欲飞。这里所描述的就是飞檐。

飞檐是中国传统建筑的檐部形式,多指屋檐特别是屋角的檐部向上翘起,若飞举之势,常用在亭、台、楼、阁、宫殿、庙宇等建筑的屋顶转角处,四角翘伸,形如飞鸟展翅,轻盈活泼,所以也常被称为飞檐翘角。飞檐作为古建筑的重要组成部分,对于建筑的造型起到至关重要的作用。

飞檐的起翘是由檐椽在斜向排列过程中逐渐升高所造成的。同时,为了使老角梁

（大角梁）上表面结合更为协调，檐椽升高采用了逐步垫高的形式，具体方法就是采用三角形木结构逐步垫设，借助檐椽平面方向所采用的斜向排列方式逐步靠近老角梁位置，并最终与老角梁相贴临。在上述过程中，檐椽高度随着三角形木结构的升高而升高，最终形成飞檐的造型，如图 3-1、图 3-2 所示。

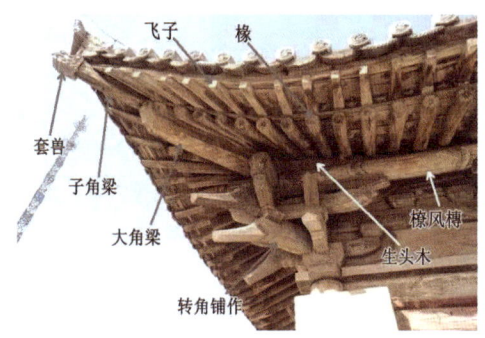 

图 3-1　飞檐构造　　　　　　　图 3-2　宁波天一阁

（二）飞檐的作用

第一，排水与采光。建筑屋面翼角进行冲翘处理，不但改善了屋面排水结果，同时也增加了建筑整体的采光面。飞檐结构所采用的举折构造方式因其角度较为陡峭，利于雨水下落；同时，在飞檐的最低折处，其构造方式较为平缓，可以增加采光面积。

第二，防腐及减压。飞檐端部的高翘造型有利于将雨水抛向更远处，飞檐本身所采用的反翘造型也使得雨水不会沿角部落下，一定程度上避免了柱脚以及其他位置构件由于雨水侵蚀而腐烂破坏。建筑屋顶在角部位置由于坡度比较平缓，冬季容易形成积雪，角脊的抬高可以适当增加屋面坡度，减小了角部积雪的可能性，从而降低建筑屋面积雪所造成的荷载压力。

第三，装饰及寓意。自明清以来，随着飞檐构造技术水平的提升，各部位添加了很多具有装饰性效果的构件，如飞檐脊饰、椽头装饰以及其他装饰等。飞檐的脊饰是最重要的装饰性构件，尤其是在宫廷建筑以及古代庙宇中较为常见。飞檐脊饰造型一般是兽形装饰构件，但由于各地文化差异，兽形装饰构件存在较大差别。这些脊兽的作用首先是改善了居住环境。屋脊之间的施工缝隙，会用盖瓦来封闭，防止雨水渗入。其次是飞檐的脊饰除具有装饰性作用之外，还承载着人们"趋吉避凶"的美好心愿，如在脊饰中加入具有防雷和镇火作用的垂脊兽等构件，代表了人们祈盼家族向上升腾、平安顺遂的

气韵生动（传统美育）

美好祝愿，如图3-3所示。同时，在古代封建社会中脊兽也是居住者身份地位的象征，故宫的太和殿设置了十个脊兽，彰显了皇权的至高无上，如图3-4所示。

图3-3　陈家祠建筑顶部陶塑脊兽

图3-4　故宫太和殿的脊兽

脊兽的小故事

中国的古建筑物是由一条正脊和四条垂脊组成的，统称五脊。在五脊之上安放六种人造的兽，合称"五脊六兽"。据中国古书记载：正脊两端的兽叫"龙吻"，垂脊上的五条兽分别是：狻猊、斗牛、獬豸、凤、押鱼。中国古代先民称五脊上的六兽为神兽，并顶礼膜拜，说此六兽可以"护脊消灾"，是镇脊神兽。

最前面的神兽叫骑凤仙人，骑着凤凰的仙人，又称真人或冥王。据说这位仙人是齐闵王的化身，民间有"日晒闵王，走投无路"的说法。传说东周列国时的齐闵王被燕将乐毅所败，仓皇出逃四处碰壁，走投无路，危急之中一只凤凰飞到眼前，齐闵王骑上凤凰渡过大河，逢凶化吉。在屋檐的顶端安置这个"骑凤仙人"大概还有绝处逢生、逢凶化吉的意思。在小仙人之后，坐姿排列着一队小动物，根据建筑规模和等级不同而数目有所不同，多为一、三、五、七等单数。

北京故宫的太和殿用到了十个，除象征着皇权的至高无上外，大概也意味着只有皇帝才配享受到"十全十美"的待遇。在不同的建筑物上小动物的数目不等。数目越多，表示级别越高。拿故宫来说，太和殿用了十个，天下无二；皇帝居住和处理日常政务的乾清宫，地位仅次于太和殿，用九个；坤宁宫原是皇后的寝宫，用七个；妃嫔居住的东西六宫，用五个；某些配殿，用三个甚至一个。

（三）飞檐的形式

中国疆土辽阔，气候迥异，也体现在古建筑的飞檐设计上。南方雨水多，为了排水，飞檐往往会角度夸张。飞檐翘角越大，对施工技术的要求越高，造价也越高，因此往往成为财富的象征，如岳阳楼的盔顶飞檐，它也因为范仲淹的《岳阳楼记》被赋予了另一种文化特质，如图3-5所示。北方因为雨雪天气较多，建筑物需要快速排雪，所以檐口坡度较陡，飞檐飞起的弧度较小。也有学者说故宫三大殿的屋顶上之所以没有鸟粪，就是坡度太陡的原因。角楼原本是防御工程建筑，进可攻退可守，也是故宫建筑文化的集大成者，九梁十八柱七十二条脊的结构体系，可以算是古代最高建筑技术的代表，如图3-6所示。

图3-5　湖南岳阳岳阳楼

图3-6　北京故宫的角楼

（四）飞檐的历史演变

随着历史的不断发展演变，飞檐逐渐演化成熟，其中有技术因素的影响，也有文化因素的影响，甚至还有民族融合这样的历史因素所起到的积极作用。

1. 秦汉时期

秦统一之后，社会不断发展，因为在建筑营造中大量使用了斧、锯、锥、凿等先进金属制工具，取材、运材、用材能力大大提高，由此构造的木结构在屋架施工中的强度和性能都大大提高。秦汉时期屋顶的檐角就已出现，但此时的屋顶角部没有设置带起翘的角梁，建筑的屋檐绝大多数平直无翘、线条硬朗，透着霸气和威猛，彰显帝国雄风。秦和汉王朝的宫殿建筑往往具有宏大、壮丽的特点，体现了封建制度正处于历史时期的上升阶段。

2. 隋、唐、五代时期

隋唐时期，是中国古代封建制度发展的辉煌时期，传统建筑也取得了灿烂夺目的成就，其结构坚固、合理、简洁、富丽堂皇。建筑屋顶脊线有笔直硬朗的，有与汉代相似的形状的。而屋顶如歇山顶的垂脊和戗脊略微弯曲，在这些垂脊和戗脊部分延伸到达翼角部位时，使用一种特殊的翘头筒瓦进行尾部处理。

唐代的屋顶线条却出现了一种转折变化，即它由一个原本以实用功能为主的构件，逐渐演变成为以装饰功能为主的构件。因为当时产生了成熟、可靠的建筑技术，所以谱写了中国古代建筑史上的一页辉煌的篇章，屋顶的造型更加成熟、丰满、多样，飞檐作为传统屋面文化艺术营造中的重要载体，显然是不可或缺的。

南禅寺大殿作为中国现存的最古老的木构建筑，同时也是目前发现的唯一一座唐武宗灭佛运动所幸存的佛教建筑。南禅寺大殿的发现较佛光寺大殿更晚，而且在规模和等级上不及佛光寺大殿，但是其在中国建筑史发展中的地位不可小觑。整个建筑是单檐歇山的九脊顶，飞檐舒展深远，正脊略带曲线，两端设置巨大的鸱尾，左右拱卫。而佛寺的屋顶坡度相对缓和，彰显了唐代建筑的举折的屋顶特色，如图3-7所示。坐落于五台山的佛光寺大殿规模比南禅寺更大，形制更加高级，东大殿面宽七间，进深四间，单檐庑殿顶，和墙身高度接近，建筑的屋面出檐距离相对较远，但是屋顶的倾斜角度比较缓和。在近处观之，屋檐起翘向上扬起，飞檐下面是巨大的斗拱。飞檐在南禅寺大殿和佛光寺大殿中的运用已经趋于成熟，飞檐的大角梁是斜向的，子角梁是平的，大角梁和子角梁形成了巧妙的配对组合，飞檐曲线缓和，如图3-8所示。

图 3-7　山西五台山南禅寺大殿　　　　图 3-8　山西五台山佛光寺大殿

3. 宋、辽、金时期

宋、辽、金时期是传统建筑大发展、大融合的时期。宋、辽、金时期起翘、举折、出翘、侧脚、生起等建造方法共同使用，使得飞檐和屋顶的形态十分优美，但是也造成飞檐和屋顶部位的做法十分复杂。

龙兴寺摩尼殿是现存佛寺中保存相对较好的寺院建筑群，并且是很完整的宋代建筑。摩尼殿屋顶坡度缓和，仍存有唐风印迹，但是相比于唐代已经略显陡峭。全殿内外上下共有斗拱百余个，除南向抱厦外，每个开间有补间铺作一个，整体结构浑然天成，飞檐形态十分雄浑有力，如图3-9所示。

图 3-9　河北正定龙兴寺摩尼殿

初祖庵大殿建于宋徽宗宣和七年，建筑样式在中国古代建筑中称歇山式或九脊殿，建筑的平面接近于方形，整个殿房有八角石柱总共16根，包括12根雕花的檐柱和殿内的4根金柱。其建筑的飞檐形态犀利，起翘、出翘已经相当深远，如图3-10所示。

金代在建立国都后，由于本身文化落后，很大程度上延续和模仿了前朝的建造方法，比如其都城、宫室、官方建筑等主要延续了北宋的营造方式，并向复杂华丽的方向发展。

图 3-10　河南登封初祖庵大殿

其建筑屋顶和飞檐的特征如下：①歇山式屋顶的飞檐。在唐以前，建筑较多采用庑殿顶，但是在辽以后，建筑屋顶中五脊庑殿的类型就相对较少出现了，却采用了很多歇山屋顶形式，金代修复或建造的寺庙多为歇山顶。②飞檐装饰的颜色鲜艳。从唐代到金代，皇家建筑与寺庙建筑最重要的是屋顶的飞檐，当时还没有用整片黄琉璃瓦进行装饰的情况，大部分建筑飞檐的装饰色是黄、蓝、绿三色，以及两色剪边等类型。黄琉璃瓦顶的飞檐做法，直到明清时期才大量出现，但也仅限于宫廷建筑的飞檐装饰。屋面的轮廓线没有很大的变化，建筑的飞檐出檐深远、平直略微翘起，不是水平的屋檐，如图3-11所示。

图 3-11　山西大同善化寺三圣殿

气韵生动（传统美育）

4. 元、明时期

元代的屋顶显示了游牧文化和农业文化的互相碰撞与交融，并且促进了文化的交流和发展。元代早期建筑的角梁角翘更加平缓，并且飞檐几近平出的比例似乎更高。元代开始，部分建筑中角梁的翘起和冲出明显变得更加陡峭。位于景宁县大际乡西二村海拔一千多米的白象山上的时思寺，大雄宝殿建造于元至正十六年（1356 年），屋顶的形式是重檐九脊屋面，其飞檐延续前代风格，含蓄微翘，建筑的外观相对简洁质朴，如图 3-12 所示。

图 3-12　浙江丽水景宁时思寺

明代已经是中国封建社会的后期，这一时期的建筑风格前承宋朝传统，后启清朝官式做法，主要特点就是规模十分宏大、气度比较讲究整体雄伟。此时的建造技术，增加了柱子和柱子之间的联系，改善了受力体系，支架材料变得越来越密集，这些做法使得建筑结构、飞檐及装饰都发生了变化。

5. 清朝时期

作为崛起于东北地区的游牧民族政权，清王朝在入主中原以后，其建筑营造技术及风格特征以继承和发扬中原传统建筑做法与建筑特色为主。

（1）北方官式建筑的飞檐。

清代北方官式建筑的造型起伏不大，屋身低平，屋顶曲线平缓，并且呈现出建筑中多用砖瓦、木结构用料较大、装修比较简单的特点，总体风格是开朗大度。清朝是中国封建社会接近尾声的时期，这一时期它对明代传统建筑有继承，也有发展和创新，整体建筑更加崇尚精巧、细致和装饰性。

我国古建筑的飞檐在清代以前已经经历了由直线向曲线，由冲出翘较为平缓到逐渐陡峭，其装饰特征也从简单到绮丽、繁复，从不成熟到相对成熟的这样一个逐渐发展演变的过程。清代北方官式建筑飞檐的起翘，体现了这一时期官式建筑飞檐厚重、大气的特征，如图 3-13 所示。

图 3-13　北京故宫中和殿

（2）南方地域建筑的飞檐。

南方地域建筑的屋顶坡度明显比较陡峻，飞檐高翘，精致富丽，雕刻彩绘很多，如图3-14所示。而大多数岭南地域建筑的平面比较规整，庭院较小，房屋高大，门窗狭窄，多有封火山墙，屋顶坡度也比较陡峻，飞檐起翘更大。

飞檐是中国传统建筑的重要标志物，是传统建筑的"冠冕"，也是我国传统建筑文化的重要象征意象。它不但体现中国传统木建筑技术的发展，也是我国各个民族各个时期对于审美意象追求和文化意义追求的表征。此外，我国地域文化差异很大，不同地区和环境中的飞檐也因自然条件和文化美学追求的不同，而表现出不同的趣味。

图 3-14　湖南岳阳的岳阳楼

二、飞檐为什么能飞起来

（一）榫卯结构

榫是凸的部分，卯是凹的部分，这种不借助胶或钉子等外力，仅通过木构件本身凹凸契合进行连接的方式被称为榫卯，如图3-15所示。从广义的角度讲，它可以指称一切同质材料的节点，即在木制建筑、家具，甚至其他如石制工艺品中，通过材料自身凹凸配合，不借用其他材料实现的构件连结。榫卯是比汉字更早出现的系统，秦汉时期，榫卯技术已经日趋成熟，可以帮助工匠完成庞大的木结构建筑。同时，榫卯承载着古代中国天人合一的哲学思想，是中国式造物最具设计意义的艺术语言，广泛应用于古建筑和中式家具中。

图 3-15　榫卯结构

（二）斗拱概述

斗拱是中国木构架建筑结构的关键性部件，为了保护房屋的墙体和门窗免受日晒雨

相关链接

飞檐为什么能飞起来

淋的损害，房屋屋顶四周需要有挑出的屋檐，斗拱的作用就是从柱头和梁上伸出支托屋檐，并将它的重量经过梁、柱传递至地面。斗拱又有一定的装饰作用，是中国古典建筑的显著特征之一。

斗拱的产生和发展有着非常悠久的历史，在唐代发展成熟后便规定民间不得使用，一般用于非常重要或带有纪念性的建筑物中。斗拱通过力学原理，将梁对外挑屋檐的受力传输到立柱，从而解决了大面积挑空屋顶的受力难题。同时，斗拱把屋檐重量均匀地托住，起到了平衡稳定的作用，有着很强的抗震、抗压能力。可见，它既起到了承上启下、传递荷载的作用，也起着使建筑物出檐更加深远，造形更加优美、壮观的作用。在中国古代，斗拱是区别建筑等级的标志，越高贵的建筑斗拱越复杂、繁华。

（三）斗拱的作用

斗拱在中国古建筑中起着十分重要的作用，主要有以下四个方面：

（1）它位于柱与梁之间，由屋面和上层构架传下来的荷载要通过斗拱传给柱子，再由柱传到基础，因此，它起着承上启下、传递荷载的作用。

（2）它向外出挑，可把最外层的桁檩挑出一定距离，使建筑物出檐更加深远，造形更加优美、壮观。在它成型之后的很长一段时间内，被作为构件大小的基本尺度（"模数"制），后来的斗拱逐渐变为装饰（后来采用砖墙，出檐变近许多，作用减少），也是区别建筑等级的标志。

（3）它构造精巧，造形美观，如盆景，似花篮，是很好的装饰性构件。

（4）榫卯结合是抗震的关键。这种结构和现代梁柱框架结构极为类似。构架的节点不是刚接的，这就保证了建筑物的刚度协调。遇有强烈地震时，采用榫卯结合的空间结构虽会"松动"却不致"散架"，消耗地震传来的能量，使整个房屋的地震荷载大为降低，起了抗震的作用。中国古建筑屋顶挑檐采用斗拱形式的较之没有斗拱的，在同样的地震烈度下抗震能力要强得多。斗拱是榫卯结合的一种标准构件，是力传递的中介，把屋檐重量均匀地托住，起到了平衡稳定的作用。

（四）斗拱的演变

斗拱在中国木构架建筑的发展过程中起过重要作用，它的演变可以看作是中国传统木构架建筑形制演变的重要标志，也是鉴别中国传统木构架建筑年代的一个重要依据。

斗拱的演变大体可分三个阶段。第一阶段为西周至南北朝：柱顶有斗拱承托檩、梁或楼层地面枋，挑梁外端的斗拱承托檐檩，各个斗拱间互不相连。汉代以后开始在柱间用斗拱，最初是一种在现代称为人字拱的斗拱，即在额枋上立一个叉手，上置一斗，以承托檐檩。第二阶段为唐代至元代：斗拱的主要特点在于柱头斗拱所承托的梁多插入斗拱中，使斗拱和梁架拉结在一起，顺屋身左右横出的拱也和井干状的柱头枋交搭在一起。建筑的一圈柱头枋和同它成直角的正、侧两面的梁交织成一个分为若干井字格的水平框架，斗拱成为各交叉处的加强节点。这时斗拱已不再是孤立的支承架或挑檐的构件，而是水平框架不可分的一部分，用于殿堂型构架柱网之上，对保持木构架的整体性起关键作用，如图3-16所示。第三阶段为明代至清代：自明代开始，柱头间使用大、小额枋和随梁枋，斗拱的尺度不断缩小，间距加密。不再起维持构架整体性和增加出檐的作用，用料和尺度比宋式大为缩小，如图3-17所示。

图3-16　蓟县独乐寺观音阁

图3-17　北京孔庙

三、中国人对木材情有独钟

中国古代木结构承重的建筑，广泛分布于汉、满、朝鲜、回、侗、白等民族地区，是中国使用面最广、数量最多的一种建筑类型。主要优势有以下几点：

首先，木材取材方便。我国木材资源丰富，黄河流域等地散布大量茂密的森林，且易于加工，利用石器即可完成砍伐、开料、平整、做榫卯等工序。后来青铜工具以及铁制斧、斤、锯、凿、钻、刨等工具的使用，使得使用木结构的技术水平迅速提高。

其次，木材的生命力极强。古人云"木者，春生之源"，在五行学说中，东南西北四个方向分别用"子午卯酉"来表达，"卯木"代表东方，代表尊贵和生生不息。古人

气韵生动（传统美育）

用十二生肖来计月，正月"寅木"就是春天的开始。商鞅变法有徙木立信之故事，也反映了木头的优异品质。木材经过能工巧匠的精雕细琢后用在古建筑中则以另外一种形式延续生命。

知识拓展

徙木立信

"徙木立信"讲的是战国时期，秦国左庶长商鞅准备变法，法令已经完备，但还未公布，为取信于百姓，在国都南门立下一根三丈高的木杆，下令说："谁能把这根木头扛到北门去，就赏十两金子。"没有人相信，他又把奖金加到五十两，终于有人抱着试一试的想法，把它搬到了北门。商鞅立即兑现承诺，分文不少。最后商鞅的法令取得公信，顺利推行。

再者，木材具有温度。木材特有的纹理图案让人感到舒适、温暖、安全感满满，特有的物理性质决定了它是冬暖夏凉的材料，环保节能，能营造温暖的家庭氛围。

最后，木材具有较强的抗震性能。在地震中，自重越轻，所受的地震力及建筑产生的晃动惯性越小。木结构自重为混凝土的1/7，且有很好的弹性和塑性，因此能承受剧烈、高频的冲击和振动作用。而且，由于木材具有很强的顺纹抗拉强度和较强的抗弯强度，在受到弯曲或剪切作用时纤维本身不会遭到破坏，所以在受到地震波的作用时木材本身也不会马上损坏。另外，木材还具有很强的韧性，在长期的荷载作用下，木材会产生等速蠕变，这个最大应力能使木材无限期负荷而不被破坏。因此，作为柔性框架体系的木结构体系本身就是抗震结构体系。

主讲教师：张琳娜

讲师 / 工程师

国家二级注册建筑师、二级建造师

◎ 指导学生参加浙江省职业院校技能大赛"建筑工程识图"赛项获一等奖。

◎ 任教课程：《中外建筑欣赏》《中外建筑史》等。

第四讲

飘带何以能飞天

敦煌万千天上色，一抹英华在飞天。敦煌壁画中的飞天，姿态多变，造型优美。有的手捧鲜花，直冲云霄；有的扬手散花，徐徐飘落；有的手持乐器，绕窟而飞。画工们是如何让飞天飞起来的呢？当飞天从壁画走向舞台，她们又会怎么飞？

敦煌莫高窟历史绵延千年，是世界上长度最长、规模最大、内容最丰富的文化艺术画廊，是中华民族精神文化的结晶。琳琅满目、丰富多彩的敦煌壁画从各个角度、各个领域，直接或者间接地反映了当时社会人们的现实生活、信念追求以及美好憧憬，为后世对"飞天乐伎"的研究提供了取之不尽、用之不竭的资源，也为"飞天乐伎"舞的创编提供了丰富多彩、价值连城的素材。

一、飞天何以能飞

（一）什么是飞天

敦煌是丝绸之路灿烂文明的中心，以"敦煌石窟""敦煌壁画"闻名天下，是世界遗产莫高窟和汉长城边陲玉门关、阳关的所在地。自佛教从汉代经西域传入我国后，敦煌特殊的地理位置使它自然成了佛教的接受地和传播地。敦煌壁画和佛造像正是佛教传播过程中的必然产物。敦煌壁画中最为著名的就是姿态百千、造型优美的飞天舞蹈形象，它们向世界展示了中国古代人民的艺术思想和文化素养。

佛经记载，飞天是舞神"乾达婆"和"紧那罗"两位天神的化身。两位天神都是佛教"天龙八部"中的天神。有学者认为,飞天的形成是古希腊长有羽翼翅膀的仙人与佛教的结合,是东西方两大宗教的结晶体。在佛教中,飞天是能奏乐、善飞舞,满身异香而美丽的菩萨;她以香为食,不近酒肉,每当天上举行佛会,便凌空飞舞,抛洒鲜花,以作歌舞,故又称香神、乐神、"香音神"。敦煌飞天就是画在敦煌石窟中的飞神,是中国敦煌壁画艺术的一个专用名词。在佛教初传入不久的魏晋南北朝时,曾经把壁画中的飞仙也称为飞天,飞天、飞仙不分。中国艺术家用绵长的飘带使她们优美轻盈的女性身躯漫天飞舞。飞天是民族艺术的一个绚丽形象。飞天的故乡虽在印度,但敦煌飞天却是由印度文化、西域文化、中原文化共同孕育而成的。它是印度佛教天人和中国道教羽人、西域飞天和中原飞天长期交流、共事融合为一,具有中国文化特色的飞天(见图4-1)。提起敦煌,人们就会想到神奇的飞天。后来随着佛教在中国的深入发展,佛教的飞天、道教的飞仙在艺术形象上互相融合。

图 4-1 莫高窟第 161 窟 晚唐(出自《敦煌舞乐》)

飞天的鲜明特色之一是其使用长绸、腰鼓、琵琶、长鼓、长笛、箜篌等道具来表演。在描绘佛陀普法的大型"经变画"当中,飞天形象主要起到礼赞、歌舞的作用。在早期敦煌壁画中,既有道教带翅膀的飞仙,也有佛教的飞天,后来,佛教飞天逐渐占据了主要位置,并且成为壁画中别具一格的特色。飞天的舞姿造型丰富,动势极强,充满了浪漫色彩,经历各朝代的演变发展,其形态逐渐中国化。飞天在壁画中数量多,延续时间长,从北凉到元,仅莫高窟就绘有飞天4500身,其中手执乐器的有600余身。形形色色、千变万化的飞天乐伎,在佛教壁画中不但为佛献歌献舞,散花奏乐,而且为人们带来吉祥和快乐。

(二)飞天有翅膀吗

作为"天龙八部"之一的"乾达婆"只是飞天的一种,如"飞天伎乐""有的画在藻井四角,有的画在藻井中心或藻井垂幔四周;有的描绘在龛楣佛光和莲花舞伎的旁边,有的描绘在佛顶华幔的下边;有的出现在亭台楼阁之中,有的出现在鼓乐齐鸣佛说法的庄严时刻;有的随流云翱翔在极乐世界,或是升腾,或是俯冲,或是平翔,或是飞

气韵生动（传统美育）

旋，或是畅游，或是追逐……"并不是说飞天都是乾达婆，真正的乾达婆也并不是有翅膀的，也并不认为这些有翅膀人物应该是为佛奏乐、舞蹈的"伽陵频迦"。敦煌壁画中的"伽陵频迦"虽带翅膀，但与飞天不同的是其下之雏鸟的身形。无论是有翅膀的"飞仙"，还是无翅膀的飞天，都是基于历史、地域、文化信仰、审美不同产生的不同形态。

敦煌壁画中的飞天，在洞窟创建时出现，从十六国开始，历经十个朝代，历时千余年，直到元代末期，随着敦煌石窟的建成而消逝。在这千余年的历史长河中，由于朝代的更替、政权的转移、经济的发展繁荣、中西文化的频繁交流等历史情况的变化，飞天的艺术形象、姿态和意境、风格和情趣，都在不断地变化，不同的时代、不同的艺术家，为我们留下了不同风格特点的飞天（见图4-2）。

历史考古学家阎文儒通过对飞天的来源属性，以及在佛教中的地位等方面进行考察得出结论，"天龙八部"中的天神虽都在天空中，但从未见过刻画翅膀的飞天。

具体而言，飞天的形象演变经历了这样几个时期。

图4-2 敦煌榆林窟第16窟 五代（出自《敦煌舞乐》）

早期北凉石窟中的飞天形象为男性，具有印度和西域人物风格，四肢短粗，线条笨拙，画面简陋。

北魏时期飞天的数量开始增加，虽然西域风格仍占主流地位，但汉、晋之风已逐步影响飞天形象的发展。首先，一部分飞天的面部变长，具有了中原人的脸型特征。其次，身形也变得柔美修长。从舞姿上看较前代更为优美流畅，姿态也更为丰富。

西魏时期，中原式飞天与西域式飞天也同时出现在了壁画中。总体而言，此时飞天形象逐渐清瘦飘逸，女性特征突出，头戴花冠，颈戴项圈，淡扫蛾眉，清艳脱俗，形成了中原式的"秀骨清像"。西魏285号石窟中出现一对全裸的男女飞天，其形象源于印度教对男女生殖器的崇拜。

隋朝时期，飞天头无圆光，不戴宝冠，或者束桃型仙人髻，或者束双环仙人髻，或者束仙童髻，脸为蛋形，眉清目秀，身材修长，衣裙轻软，巾带宽长，且姿态各异，有的手持莲花，有的手托花盘，有的扬手散花，有的手持各种乐器，朝着一个方向逆风飞翔，体态轻盈，姿势优美。此时的飞天，衣饰、面容、身态如同唐代初期的飞天，已经中国化了。

唐朝时期，飞天更为丰富多彩，气韵生动，其形象达到艺术顶峰，完全实现了中国化。此时的飞天形象既不像希腊插翅的天使，也不像古代印度腾云驾雾的天女，而是以唐宫仕女的形、神为依照，焕发着蓬勃旺盛的生命力。飞天的腰肢轻盈含蓄地扭转，呈现出委婉婀娜、娇柔多姿的体态，再加上错落有致、随风飘扬的衣裙和丝带，便呈现出回环顺畅、婉转生情的强烈节奏感。在佛国天空中祥云雾霭、灵花仙草、妙音旋乐的衬托下形成扶摇直上、飘飘欲仙的神秘虚幻之感（见图4-3）。

图 4-3　莫高窟第 148 窟　盛唐
（出自高德详著《敦煌古代乐舞》）

（三）敦煌莫高窟中的飞天是怎么飞起来的

在敦煌壁画中，飞天没有翅膀，只通过人物衣裙飘带的动势，给人以飞翔之感。在敦煌莫高窟千余年的发展历史中，现存的492座佛窟中都有不同舞蹈形象的描绘。

从艺术形象上说，敦煌飞天是不长翅膀不生羽毛、没有圆光、借助云而不依靠云，主要凭借飘逸的衣裙、飞舞的彩带而凌空翱翔的飞天（见图4-4）。敦煌飞天可以说是中国艺术家的天才之作，是世界美术史上的一个奇迹。它不是一种文化的艺术形象，而是多种文化的复合体。在敦煌莫高窟的壁画当中，在描绘佛陀普（说）法的大型"经文变画"当中，飞天的形象主要是起到礼赞、歌舞的作用。

图 4-4　莫高窟第 172 窟（出自王克芬著《万舞翼翼》）

飞天乐伎是乐神"乾达婆"和歌神"紧那罗"的复合体。"乾达婆"和"紧那罗"是佛教护法神——天龙八部神中的两部小神。他们最初的职能是有区别的，乐神"乾达婆"因周身散发着香气，亦名香间神，他的任务是在佛国世界里，为佛陀、菩萨献花、布香、从宝、做礼赞，栖身于花丛，飞翔于云霄。

气韵生动（传统美育）

歌神"紧那罗"的任务是在佛国世界里，为佛陀、菩萨、众神、天人奏乐歌舞，居住在天宫，不能飞翔于云霄。后来"乾达婆"和"紧那罗"的职能随着古代画师们的艺术创作逐步混为一体：乾达婆抱持乐器在空中且歌且舞，"紧那罗"亦冲出天宫楼阁，飞翔于云霄。两位天神合为一体，化为后世的敦煌飞天。音乐界的研究者把敦煌飞天中抱持乐器的飞天，定名为飞天乐伎。据郑汝中先生在《敦煌壁画乐伎》中统计：仅莫高窟就绘有飞天4500余身，其中所抱持乐器的飞天乐伎有600余身。

图 4-5 莫高窟第 321 窟 初唐

从"飞天乐伎"舞蹈的发展过程中可以看到，飞天的形象不再拘泥于衬托、装饰以及美化佛教形象，其在保持飞天仙子神秘感的同时也拥有了更多人性化的色彩。在敦煌莫高窟现存492座佛窟中的舞蹈形象，有对襟大领、宽袖大袍的飞天，有中原少女"小袄式"的飞天，有"僧衣式"的飞天，还有西域式裸露上身的飞天……

隋代的飞天舞姿形态发生了巨变，从U形的单一体态，发展出了S形的各种姿态，她们或成双成对，或成群在天花流云间飞舞，飞行的姿态不拘一格，身姿修长，婉风流转（见图4-6）。飞天的美好形象给舞蹈创作提供了无限想象的空间。莫高窟第148窟的壁画是唐代最具特色的一幅图，图中的飞天一身六臂，手拿琵琶、笛子、铜铙三种乐器，一边飞翔，一边奏乐、起舞，显示出神奇的力量（见图4-3）。由于此图新颖别致，吸引了众多舞蹈者的目光，便出现了一些受此图影响而创作的敦煌舞蹈作品——《六臂飞天》《六臂香音》《六手乐伎》。进入中唐，敦煌地区由于受吐蕃统治，密宗教的地位上升，壁画中飞天的数量有所减少。但是，纵观飞天千余年的发展历史，唐代飞天无论是数量还是艺术水准都达到了顶峰，成为后代无法逾越的标杆。五代、宋时期的飞天虽然沿袭了唐代飞天的风格，但是没有创新，也没有唐代飞天的丰润、灵动，缺乏生命的活力（见图4-7）。

图 4-6 莫高窟第 407 窟 三兔飞天藻井
（出自《敦煌历代精品藻井100图》）

从远古至今，人类在功能和装饰等方面使用对称图形已经有上万年的历史，在自然界中，对称的物体和图案也随处可见。《敦煌古代乐舞》一书中说："对称是人类一种基本的思维定势，它涵盖了人们对一切事物最基本的审美意识。甚至可以说这是人们思想中固有的一种模式。对称美学思想也是对中国传统'和'学的理解和表现。敦煌乐舞艺术是人类艺术发展过程中的一个缩影，因此离不开艺术发展的规律，尽管在其表现形式上千变万化，但都是基于一定的审美基础之上的。"敦煌壁画中的乐舞形式千姿百态（见图4-8～图4-10）。

图 4-7　莫高窟 55 窟　西夏

图 4-8　莫高窟第 155 窟　晚唐（出自《敦煌乐舞》）

图 4-9　莫高窟第 156 窟　晚唐（出自《敦煌乐舞》）

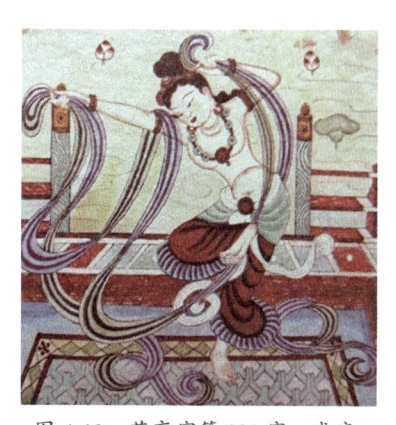

图 4-10　莫高窟第 320 窟　盛唐

二、飞天是怎样从莫高窟壁画走向舞台的

敦煌壁画的发展纵贯十六国至北凉、北魏、西魏、北周、隋、唐、五代、宋、西夏、元以来十个朝代,绵延千余年的历史。期间,不断与内容形式丰富多彩的古代舞蹈相互碰撞,展现了不同历史时期、不同地域特色、不同审美风格的乐舞艺术。

(一)"巾袖舞"是什么

汉代乐府从各地广泛采集民间歌舞用于宴享。这不仅从根本上解决了宫廷乐舞不断更新的问题,而且成为一种导向,大大推动了俗乐舞的发展,所以汉代也就成为中国舞蹈史上"俗乐舞"蓬勃发展的时代。汉代的舞蹈表演通常都是融在百戏当中的,按照它们的特征,大致可以分为四类,也就是"巾袖舞""道具舞""情节舞""舞像"。"巾袖舞"是汉代著名的舞蹈,它既能普遍盛行于民间,又能登宫廷大雅之堂,以"巾袖舞"为特征的舞蹈在汉画像石中有丰富的形象造型。

"巾袖舞"以水袖为道具。水袖是对古代服饰衣袖的夸张展现,原来是戏装的重要组成部分,戏曲演员经常通过对水袖的运用来刻画人物。而将水袖运用在舞蹈中,不仅可以使肢体动作得以延伸,更是扩展了身体的表现力,便于夸张表达内在的情感情绪,体现出行云流水般的美感。"长袖细腰,扬袖塔鼓"是普遍盛行于两汉的舞蹈风格,豪迈雄健。它充分显示了汉朝人在强大、宏放、蓬勃的汉代社会里积极入世、勇于进取、充满自豪感的精神面貌。

"巾袖舞"的舞蹈表演形式一般是两人表演,或是女子双人舞,或是男女双人舞(见图4-11)。"巾袖舞"舞动起来,能够占满表演舞台的空间,因此,表演人数很少。舞蹈表演时,有歌有伴奏,音乐中既有旋律,又有打击乐,充分显示了"巾袖舞"的扬奋、向上、活泼、轻快的舞蹈风格。

"巾袖舞"延长了肢体,大大扩展了舞者表现力,使舞蹈情感的表达更加丰富鲜明,今天我们所看到的戏曲舞蹈和古典舞,都是古代"巾袖舞"的延续和革新。

图4-11 巾袖舞

唐代在初期、中期时思想很活跃,提倡传统儒学,敬奉老子为道教鼻祖,又不排斥佛教,使佛教和道教同时得到发展。在唐代,可

谓儒、释、道三家并立。乐舞艺术也随之出现自由发展的局面，最具有代表性的是《霓裳羽衣舞》《凌波曲》《紫云曲》。《霓裳羽衣舞》是音乐、舞蹈、诗歌三者结合的大型乐舞套曲，舞蹈根据乐曲编排。《霓裳羽衣舞》舞者头戴一串垂珠，身披霞衣、彩裙，打扮成仙女模样，舞蹈轻盈流畅，优美多姿；乐曲进入"破"以后，速度变快，整支舞蹈有一种虚无缥缈的美妙意境。

《霓裳羽衣舞》既有汉族传统乐舞"清商乐"的因素，又有西域"婆罗门曲"的成分，是敦煌古代劳动人民和具有卓越才能的工匠们所创造的无与伦比的艺术。这些舞姿的创造，取材于当时的现实生活，反映那个时代的舞蹈风貌。这一舞蹈艺术形式承载着敦煌文化以及我国古典舞蹈文化的重任，意味着在如今的时代当中，我们应当要重视对"飞天乐伎"舞蹈的研究、传承、发扬，使之在当下和未来的发展中保持更好的艺术生命力。

（二）飞天中的飘带和"巾袖舞"的水袖有什么联系

敦煌壁画中这些绚丽多姿的飞天形象具有宗教所注入的特殊神秘色彩和文化意蕴，隽永含蓄地表达了真、善、美的内心世界和佛教崇高的思想精神，体现了极乐世界的美好祥和，教育人们要有奉献精神、宽容博爱和不畏艰险、求取正道的坚定意志，给人们带来精神的希冀和美好的向往。依据壁画而创造的舞蹈，无论其如何千变万化，塑造何种形象，都离不开佛教赋予壁画本身所蕴含的善良、正直、美好、崇高的风格。

在人们的意念之中，神佛的化身都带有"飞仙"或者飞天的色彩。飘带之所以飘得起来，是因为飞天形象背后所传达的意境。她们需要飘带衬托出其飞在云霄的姿态，也需要飘带塑造其雍容祥和的形象。如果生活中日常穿着也带有飘带挂在颈部或者手臂之处，似乎就不太符合当下的日常生活习惯，对神佛也失去尊敬之意；东方人对神佛的敬重之情都是存于心里供养的。而由此演绎出来的舞蹈，自然也无法直接使用飘带。飘带虽有长度，但无法如同"袖"那般更能延伸肢体手臂线条，"飘带"这样的装饰物大多数是挂在身体的肩部或是缠绕在手臂上的，依托人体去凌空随风飞舞，不可控制。因此，舞蹈要用"袖"来替代画中的飘带，但这个"袖"不是生活中的袖。在古代，由于当时的人文风情，人们的衣服制成后，所制的袖子是宽大的，目的是便于收纳东西，衣袖宽松，才有足够的空间来容纳贴身之物，同时彰显文人墨客的气度。如果以这样的"袖"来演绎舞蹈，那么非但飘不起来，而且还略显沉重，更是无法表演出飞天的飘逸之美。只有用艺术化的"袖"或者"绸"，将其中一端掌控在手的时候，才能完成抑扬顿挫、规律旋转的形式美，才能表演出"飞"的感觉，也才能吸引人遐想舞蹈画面背后的意境，从而体现人文精神内涵和意义，充分展示飞天的魅力和气韵。

三、舞台上我们怎么"飞"

敦煌石窟是蕴藏着我国极为丰富乐舞资料的艺术宝库，许多艺术家曾在宝库中寻觅着创作灵感。"飞天乐伎"便是艺术家们从敦煌莫高窟生动的壁画形象中提取优质素材、利用舞蹈技艺进行加工而创造的一种富有特色的舞蹈种类，具有中国西部特色，因其充满艺术美感和神秘气息的特质受到了国内外观众的喜爱。

"飞天乐伎"是动态的，它通过转瞬即逝的人体动作在空间、时间上的变化给观众以视觉上的美感。"飞天乐伎"从呼吸、眼神到手、臂、脚、腰、步伐、控制、跳、转组合训练，再到琵琶、长绸等道具的运用，每个动作的起承转合都有内在的韵律，不同的动作、不同的人物，也有各自不同的呼吸和眼神运用方式。

飞天是依据敦煌壁画创编的，不仅需要体现壁画中静止的舞姿造型，更要呈现舞姿形成的动律过程。这也就形成了"飞天乐伎"核心要素所要体现的内在精神气质和心理特征。因此，飞天被认为能够代表我国的古典文化、佛教文化以及艺术文化的传承。

那么，舞台是如何呈现飞天的？

（一）"巾袖舞"怎么演绎飞天

"巾袖舞"会结合不同的袖技，在空间流动上表现出不同的变化，通过有效地把握舞蹈者身体的重心，并运用多样的身法、手臂与手腕等技法与动作，对水袖进行控制，进而舞动出不同的形态，呈现出不同的特点。

> **知识拓展**
>
> **怎么欣赏"巾袖舞"的形态美**
>
> **手形**：纤细秀丽、丰富多姿、纤细秀丽、富有中国古典美。
> **手臂**：手腕和肘部呈棱角型。
> **脚形**：勾、翘、歪。
> **体态**："出胯"成三道弯。体态以"出胯"为特点形成三道弯状态。"出胯"动作有两种：一种是"推胯"，就是在"提胯"基础上推出，线条较硬，动作有力；另一种为"坐胯"，有前后左右不同方向，其动作柔美，构成刚柔相济，柔、韧、沉、曲相结合的动作特征。

飞天的外部特征突显出多棱、多弯、多折的舞姿造型。在"形态"上既有阴柔之美、柔和的S形、三道弯、小曲线舞姿和大舞姿，又有富有阳刚之气的Z形、直角曲线舞姿，还有多折、多弯的四道弯、五道弯舞姿以及螺旋式拧身舞姿等。手臂各个关节的折叠形成多棱角、多弯曲，既曲折又舒展，舞姿与肢体配合形成了飞天舞姿的特殊感觉，构成"飞天乐伎"的外部特征。特殊动律、动态的外部形态特征表现在绷、勾同存，直、曲相间，立与坐有序，如图4-12～图4-15所示。

图4-12 莫高窟第98窟

外部形态中突显的动势和节奏主要是在力度、形状、技巧的基础上，通过肢体中身法韵律和水袖本身的节奏变化，在连接中互相作用产生的。现今的舞台上看到的"水袖"根据表演的需要，其长度已从戏曲服装袖的一尺三寸左右发展到三尺、五尺、七尺甚至更长。水袖的姿势有数百种，不胜枚举，如抖袖、掷袖、挥袖、拂袖、抛袖、扬袖、荡袖、甩袖、背袖、摆袖、掸袖、叠袖、搭袖、绕袖、撩袖、"折袖"和翻袖等。

图4-13 莫高窟第61窟　　图4-14 莫高窟第55窟　　图4-15 莫高窟第164窟

对于袖的外在表现，主要就是在舞蹈的流动中，水袖的用力大多是反衬劲儿，即依循"欲左先右，欲前先后，逢开必合，欲上先下"。在古典舞"身韵"中充分地体现了中国古典舞的"圆、游"之美，这种出其不意的特殊效果用于延伸艺术形体的点与线之间的动、静关系，更重要的技术关键在于气带腰，腰带肘，肘部带腕，腕带指。韵律呼吸在训练中处于相当重要的位置，从预备运动到动作形成后的延伸都是靠气托住的。可以放大了做，朝不同方位做，交织组合地做，但无论怎样千变万化，其规律万变不离其宗，收回来时是单一技法，即作为母体的一个动作。

相关链接

袖与气韵

气韵生动（传统美育）

图 4-16　莫高窟第 217 窟

在舞蹈过程中，首先需要借助身体的拧、倾重心运动势态，运用身法掌握水袖技的反衬作用，把握动律变化对水袖技的影响，突出强调身体的空间意识感，加强身体在运动空间中的表现力和幅度；其次再根据水袖的各种技法的力度变化，利用身法和气息的收放自如，从而得心应手地掌握发力的速度、幅度，在身与水袖的配合中，体现出水袖力度传接上的贯通之感；最后在身法运用的拧、倾、圆、曲的体态中，在起、承、转、合的水袖动势中通过动静开合、高低强弱的对比，将水袖的韵律与身体的身法韵律融为一体，并将中国古典文化对圆、游之美的崇尚，通过水袖技的变化一一展现出来，形成各种不同的舞姿和"巾袖舞"形态（见图4-16）。中国古典舞水袖强调以身带水袖，水袖随身，以身体为主导的运动规律。舞蹈强调身体与水袖相统一，但在空间运动中展现水袖的特征，往往需要依赖动作的相反作用和相互关系，促进"水袖"操作。因为要遵循"欲前先后""承上启下""首尾对照""有去有还"的运动定律，使水袖在空间得以自由舒展，达到连绵不断、气势奔放、疏密有致的效果。水袖的要点是身体和水袖接触，即水袖和身体、身体和步法、步法和水袖变成一个有机整体，动势一致，在变化中体现节奏与和谐，在静态中展现动感。这种以柔婉之韵为主要基调而形成的优美、柔曼的软舞风貌，是与敦煌舞蹈的总体风貌相契合的。

（二）经典作品知多少

灿烂的敦煌壁画艺术在中国艺术史上熠熠生辉，吸引了众多的专家、学者浓厚的研究兴趣，研究领域涉及考古、建筑、雕塑、宗教、轻画、音乐、舞蹈、乐器、服饰等各个方面，并取得了举世瞩目的成就。许多艺术家热爱并追摹敦煌风采，创作了不少传世精品，如梅兰芳表演的京剧《天女散花》，戴爱莲创作的双人舞《飞天》就是其中的典型代表。

《天女散花》取材于佛教故事《维摩诘经》，"维摩示疾，如来命天女致病屋散花"。早在20世纪30年代，梅兰芳表演的《天女散花》就与敦煌壁画第430窟屋檐上的天女散花形象相吻合，也许正是这个形象给予了梅先生启发。

20世纪50年代初，由戴爱莲创作，由资华筠、姚珠珠表演的双人舞《飞天》，其形象也来自敦煌飞天。董锡玖在其《飞天在太空中翱翔》文章中说，使敦煌壁画中的飞天在新中国的舞台上复活的就是著名舞蹈家戴爱莲。她主要运用了中国古典舞蹈，特别是绸舞，编导了双人舞飞天，展示出清新、流畅、优雅的风格。从1958年演出以来，经历了不少年头，《飞天》一直是中央歌舞团的优秀保留节目，在国内成为雅俗共赏的珍品，并在亚、非、拉美多个国家的舞台上展示过，受到了普遍的赞扬。人们称赞这个作品引人深思，把观众带入了诗的意境，典型的东方艺术使人久久不能忘怀。这些遨游在空中的飞仙舞蹈，被称为"典型的东方艺术"。

知识拓展

戴爱莲与飞天

戴爱莲长在西方，但她回国后就爱上了敦煌艺术。1945年，她住在画家张大千家里，有机会接触到了大量"飞天乐伎"的舞姿，特别爱上了唐代的飞天。解放前夕她在北平国立艺术学校工作时，又曾把飞天的舞姿一个个画出来朝夕揣摩。20世纪50年代，她还带领着青年初学者们如徐杰、资华筠，向许多著名的老艺术家请教，如梅兰芳、欧阳予倩这些艺术大师都曾经给予热情的关怀。《飞天》曾获第五届"世界青年与学生和平友谊联谊节"三等奖。参与这部作品的舞蹈家资华筠曾说：表演这个节目，在舞绸方面，需要经过长期苦练功底才能扎实，注意文学诗歌方面的修养，演出才能跌宕起伏，如云中翱翔的飞仙，表现出澄澈美的意境。

2008年春晚舞蹈作品《飞天》，它的创作灵感来源于嫦娥1号探月卫星的成功发射。嫦娥奔月，这支舞蹈本应该是飞起来的，创作者反而把舞者右脚固定住，借以舞蹈初学者倾倒的动作表现出了飞天的状态。古代神话故事有七仙女，据此就选了7个女初学者去表现飞天这个概念。

2019年春晚《敦煌飞天》，这个作品缘起于中央芭蕾舞团的舞剧，相较原作，《敦煌飞天》舞蹈比原来的更神秘更飘逸，更华丽更有仪式感。他们在初学者的化妆和造型上增加了一些彩绘，让整个舞蹈更有观赏性。2008年《飞天》和2018年春晚《敦煌飞天》所要塑造的是无拘无束、自由翱翔的飞天形象，不仅借用了飞天的造型与长绸的技法，而且在每一个动作过程中都赋予了古典舞蹈特有气韵和心灵传达。内在的吸气，轻轻地吐气、沉气，配合清泉般明亮的眼神和长长的绸带，将人们引入无欲无求的淡然境界。

相关链接

《百舞惊鸿》这段舞蹈主要是基于古典舞身韵中元素的"起承转合"，以身韵"提、沉、冲、靠、含、腆、仰"为主要元素，体现柔美的意境，抒发内心的情感，凸显呼吸之间的起伏线条，如行云流水。在这样的舞蹈中，你能感觉到飞天飞起来了吗？

《百舞惊鸿》视频

气韵生动（传统美育）

由于民族不同，时代不同，生活方式不同，文化心理不同，感情特色不同，审美情趣不同，中西方舞蹈呈现出各自不同的特色。

再看芭蕾舞。芭蕾舞起源于意大利，17世纪后期兴盛于法国宫廷，19世纪末期在俄罗斯繁荣发展。因为芭蕾舞的诞生和在宫廷中的兴盛发展，其深受皇室贵族的喜爱，所以这种舞蹈本身要求初学者身姿挺拔，体态优美，具有与众不同的皇族高贵气质。芭蕾"开、绷、直、立"的艺术风格显现了西方人的艺术追求，体现了意大利文艺复兴时期人们追求个性解放、自由的时代精神。

中国的舞蹈艺术可追溯到远古时代，是人们思想情感交流的一种艺术方式。中国古典舞的动作形态遵循着"拧、倾、圆、曲"的动律特点，它的动作轨迹以"圆"为主——平圆、立圆、八字圆，这种圆形思维体现出舞蹈圆融通达、天人合一、含蓄内敛的精神气质，显示出中国古典美学讲究圆整、圆通、圆融的特征，以及中国文化对天圆、地方、和谐、统一的追求。"飞天乐伎"从敦煌壁画中走来，必然也体现了当时当地的人文精神与中华文化的审美追求。

知识拓展

芭蕾舞的审美原则

芭蕾的"开、绷、直、立"和手臂、脚步位置的程式化，形成了芭蕾特有的审美原则，从16、17世纪一直沿用至今，成为各个时期编创者的审美标准。

与之相对比，依据敦煌壁画而创编的古典舞蹈，不仅要体现壁画中静止的舞姿造型，更重要的是使静止的舞姿造型活起来，把壁画人物的内在精神气质、心理特征表现出来。因此，舞者在表演时特别强调使外在舞姿与内在心理表达相统一，形神兼备地塑造出端庄、善良、典雅的人物形象，传达出佛国仙境的祥和、安乐。舞蹈中每个动作的起承转合都有它内在的韵律，不同的动作、不同的人物，会用不同的呼吸和眼神表达内

心世界。如表现菩萨深沉端庄的气质时,运用的是深沉的呼吸和安徐柔曼的动作语言,配合的是含蓄、温婉、慈祥的眼神,展示出发自内心的平和、深情、沉稳的情感,表现出秀丽端庄、清逸脱俗的气质,洋溢出和谐、安详、肃穆的氛围;表现童子时运用快速的呼吸和活泼跳跃的动作语言,配合纯真无邪的眼神。

可见,在舞蹈过程中,舞者用别致的舞姿、传神的眼睛、特殊的气韵赋予了舞姿生命的灵性,柔美而不柔媚,美艳而不艳俗,让观众不仅欣赏到独有的肢体技艺和独特的舞姿造型,更使得人们在清新高雅的氛围中心情舒畅、心胸豁达,内心纯净,心灵高尚,达到身心勃兴的艺术审美状态。

主讲教师：杨帆

讲师

金华职业技术学院师范学院"教坛新秀""最受学生喜爱教师"

- 指导学生在专业舞蹈大赛"群星奖"中获得二等奖。
- 任教课程：舞蹈与幼儿舞蹈创编、幼儿教师舞蹈技能、古典舞蹈基础等。

第五讲

"公孙大娘剑器舞"今何在

剑器舞是唐宋时期兴盛的武舞艺术。公孙大娘剑舞之浏漓顿挫、潇洒浑脱的动态感与线条美,影响了草圣张旭的书法创作,也让画圣吴道子在运笔之法上深受启发。今天,我们除了能在诗词中欣赏她的美姿美态外,还能在现实中感受它刚柔相济的神韵吗?

一、知道"公孙大娘剑器舞"吗

公孙大娘是郾城北街人(今河南省漯河市),是唐朝开元盛世时的一位著名艺人,以舞剑器而闻名于世。公孙大娘跳舞流畅飘逸、节奏明朗,超凡脱俗,舞姿惊绝天下,每次民间献艺时,观者如山,风靡一时。

公孙大娘出名后被邀至皇宫表演,成为唐宫的第一舞人。皇宫内外的各色戏子、舞者中懂剑器舞的,只有公孙大娘一个人,其舞艺无人能及,可谓天下第一。

公孙大娘在继承传统剑舞的基础上,创造了多种剑器舞,如《西河剑器》《剑器浑脱》等。

如图5-1所示是朱梅邨创作的《公孙娘》,让我们更为直观地看见了一位绝代佳人在民间献艺,观者如山。其应邀到宫廷表演时,更是艳压群芳。

图 5-1 朱梅邨(1911—1993)《公孙娘》

不过世事浮云,以公孙大娘盛唐第一的技艺,最终结局却是流落江湖,寂寞而终。不过,她的盖世技艺也与中国历史上的几座文化高峰

气韵生动（传统美育）

密不可分。据传"草圣"张旭从公孙大娘舞剑时挥洒自如的手势和旋转跳跃的矫健身姿当中，领悟到书法的神韵（张旭《古诗四帖》，如图5-2）；"诗圣"杜甫在观看她弟子的表演时，心生感慨，写下了那首慷慨悲凉的《观公孙大娘弟子舞剑器行》；"画圣"吴道子也从她的舞姿里体会到了运笔之法，形成了笔势圆转的艺术风格。能成就这三位圣贤的创作，绝代佳人公孙大娘的人生之路也可算没有虚行了。

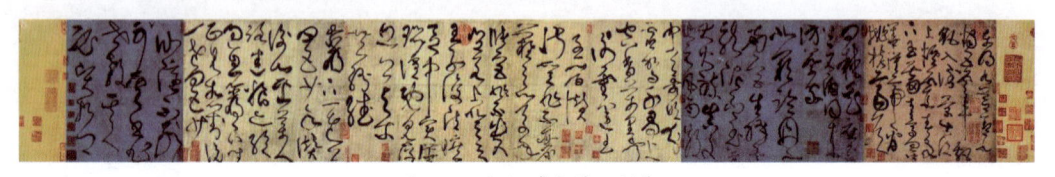

图 5-2　张旭《古诗四帖》

知识拓展

张旭写草书的故事

张旭性格豪放，嗜好饮酒，常在大醉后手舞足蹈，然后回到桌前，提笔落墨，一挥而就。张旭是一位纯粹的艺术家，他把满腔情感倾注在点画之间，旁若无人，如醉如痴，如癫如狂。世人称他为"张颠"。他自己说，刚开始他见公主与担夫争道，又闻鼓吹而得笔法之意；在河南邺县时爱看公孙大娘舞西河剑器，并因此而得草书之神。

"诗圣"杜甫晚年在夔府别驾元持家里，观看临颍李十二娘跳剑器舞，觉得舞姿矫健多变，非常壮观，通过打听得知这位李十二娘是公孙大娘的徒弟。杜甫回想起自己年幼时在郾城看过公孙大娘跳《剑器舞》和《浑脱舞》的场景，当年的公孙大娘，服饰华美，容貌艳丽，给杜甫留下了深刻的印象。所以当杜甫见李十二娘跳《剑器舞》和《浑脱舞》后，想着自己早生华发，心中生起无限感慨，写下了《观公孙大娘弟子舞剑器行》诗并序（见图5-3）。

观公孙大娘弟子舞剑器行
唐·杜甫

大历二年十月十九日，夔府别驾元持宅，见临颍李十二娘舞剑器，壮其蔚跂，问其所师，曰："余公孙大娘弟子也。"开元三载，余尚童稚，记于郾城观公

第五讲 "公孙大娘剑器舞"今何在

孙氏,舞剑器浑脱,浏漓顿挫,独出冠时,自高头宜春梨园二伎坊内人洎外供奉,晓是舞者,圣文神武皇帝初,公孙一人而已。玉貌锦衣,况余白首,今兹弟子,亦非盛颜。既辨其由来,知波澜莫二,抚事慷慨,聊为《剑器行》。昔者吴人张旭,善草书帖,数常于邺县见公孙大娘舞西河剑器,自此草书长进,豪荡感激,即公孙可知矣。

> 昔有佳人公孙氏,一舞剑器动四方。
> 观者如山色沮丧,天地为之久低昂。
> 霍如羿射九日落,矫如群帝骖龙翔。
> 来如雷霆收震怒,罢如江海凝清光。
> 绛唇珠袖两寂寞,晚有弟子传芬芳。
> 临颍美人在白帝,妙舞此曲神扬扬。
> 与余问答既有以,感时抚事增惋伤。
> 先帝侍女八千人,公孙剑器初第一。
> 五十年间似反掌,风尘澒洞昏王室。
> 梨园弟子散如烟,女乐馀姿映寒日。
> 金粟堆南木已拱,瞿唐石城草萧瑟。
> 玳筵急管曲复终,乐极哀来月东出。
> 老夫不知其所往,足茧荒山转愁疾。

这首七言歌行以公孙大娘师徒和剑器舞的故事为主线,"五十年间似反掌,风尘澒洞昏王室"这样力透纸背的诗史之笔,将艺术、五十年来的自我经历以及兴衰治乱的历史融为一炉,主旨深沉,气势雄浑。王嗣奭在《杜臆》中总评这首诗说:"此诗见剑器而伤往事,所谓抚事慷慨也。故咏李氏,却思公孙;咏公孙,却思先帝;全是为开元天宝五十年治乱兴衰而发。不然,一舞女耳,何足摇其笔端哉!"

尽管杜甫本诗表面上写剑器舞,实则另有所指,但客观上确实让大家感受到了剑器舞这一艺术的不俗魅力。

图 5-3 观公孙大娘弟子舞剑器行

二、公孙大娘的剑器舞可以用来上阵杀敌吗

"剑器舞"是什么样的舞蹈呢?

唐代的舞蹈分为健舞和软舞两大类,剑器舞属于健舞之类。晚唐郑嵎《津阳门诗》提到"公孙剑伎皆神奇",并自注说:"有公孙大娘舞剑,当时号为雄妙。"司空图《剑器》一诗也有"楼下公孙昔擅场,空教女子爱军装"这样的句子。可见这是一种女子穿着军装的舞蹈,舞起来有一种雄健刚劲的姿势和浏漓顿挫的节奏,应该算是一种武舞。

既然是武舞,是不是意味着可以上阵杀敌呢?

武舞,解释为雅舞的一种,与"文舞"相对,始于周代,舞时手执斧盾,内容为歌颂统治者武功,用于郊庙祭祀及朝贺、宴享等大典。西周时期,武舞也常被作为一种搏杀技术的训练方式,并以集体的武舞演练方式来增强军队的士气。沧源崖画,如图5-4所示。

甘肃黑山崖画(见图5-5)大约刻于战国时期,其中有刻画了近30个人像练武或习舞的操练图景。画中人物手持长兵,头顶绒盔,排兵列阵,帅气英武。这说明自古就有军舞、武舞的存在,后在历代文献中都有武舞的身影。这些武舞就不单是娱乐了,还兼有练兵、布阵等功能。

图 5-4　沧源崖画　　　　　　　　图 5-5　甘肃黑山岩画

鸿门宴中项庄舞剑的典故就发生在楚汉争霸的时期,项羽设宴,亚父让项庄舞剑伺机刺杀刘邦,当时项庄舞的剑舞就是军舞(见图5-6),是可以用来杀敌的。

到了唐朝时期,武舞纳入了大量的新元素,娱乐性、表演性更甚从前。除了前面提到过的公孙大娘的《剑器舞》和《浑脱舞》之外,另外还有如《旧唐史·音乐志》所载的《巾舞》(见图5-7),都可算是武舞。

图 5-6　项庄舞剑　　　　　　　　图 5-7　"急"鼓催巾舞

最后至明清时期，武与舞基本分化完成，各自成型，至此便有了武术和舞蹈的准确区分。现今"武舞"是一门将武术套路动作融于现代舞蹈（如街舞、摇滚舞等）的新艺术，在发展流行舞蹈的同时传承了中国古典文化。

因此，武术和舞蹈随着历史的进程依据各自功能逐步推演，分分合合、相互交融，是否可以用来上阵杀敌应当是因时而异的，不能下单一的断语。

三、武术套路和舞蹈、剑术及剑舞之间的区别在哪里

（一）概念上的区别

为了更好地认识武术套路、舞蹈、剑术、剑舞，我们先来看看这几个名词是怎么解释的。

武术套路，是从古代长期军事战争中发展起来，并通过历代规整、修编、传承而形成的一种技术（见图5-8）。习武可以强身健体，也可以防御敌人。武术套路融合、继承和发扬了中国传统思想，是传统武学艺术的展示。

图 5-8　古代战争

舞蹈，是一种表演艺术，是以有节奏的动作为主要表现手段的艺术形式。它一般需要有音乐伴奏，需要在其他道具的辅助下，使用身体来完成各种优雅或高难度的动作（见图5-9）。

剑术，《吴越春秋》卷九和《庄子·说剑篇》都记述了古代击剑的技术和战术。明

气韵生动（传统美育）

图 5-9　敦煌壁画

图 5-10　剑舞《兵道》

代茅元仪《武备志》中记载了剑的用法有：跨左击、跨右击、翼左击、逆鳞刺、坦腹刺、双明刺、旋风格、御车格和风头洗等。现代剑法有抽、带、提、格、击、刺、点、崩、搅、压、劈、截、洗、云、挂、撩、斩、挑、抹、削、扎、圈等。

剑舞又称剑器舞，是流行于唐宋时期的汉族舞蹈。因执剑器而舞，剑柄与剑体之间有活动装置，表演者可自由甩动、旋转短剑，使其发出有规律的音响，与优美的舞姿相辅相成，造成一种战斗气氛，舞蹈节奏为"打令"。剑舞原为男性舞蹈，经长期流传，逐渐演变成为一种缓慢、典雅的女性舞蹈，其风格似武术（见图5-10）。

在武术套路发展的历史长河中，涌现出了各式各样流派、风格的拳种，它们大多数继承了军事战争功能，因此追求速度、力量、技巧就成了武术套路演练的主要内容。

现代武术套路的功能有：

（1）提高素质，健体防身。武术套路运动其动作包含着屈伸、回环、平衡、跳跃、翻腾、跌扑等，人体各部位几乎都要参与运动。

（2）锻炼意志，培养品德。练武对意志品质的考验是多面的。练习需要不断克服疼痛关，磨练"冬练三九、夏练三伏"，常年有恒心，坚持不懈的意志品质。

（3）竞技观赏，丰富生活。武术具有很高的观赏价值，无论是套路表演，还是散手比赛，历来为人们喜闻乐见。

舞蹈也具备相似的功能：

（1）争强体质，年轻心态。以舞蹈增强体质，健身祛病，我国古已有之。

（2）欣赏愉悦，陶冶情操。优秀的舞蹈作品在提高艺术修养方面有着重要的作用，由于富于美感，技艺性强，所以受到群众的广泛欢迎。

（二）太极拳与舞蹈的区别

对于艺术的追求，武术套路和舞蹈既有相似之处，又有区别。我们用武术套路中与舞蹈相接近的太极拳来和舞蹈做个比较，从五个角度去比较一下武术套路和舞蹈，试着从另一个角度去发现武术的美。

1. 内在表达不同

两者都是一门身体的艺术，都需要靠身体去完成一系列动作。通过动作表达和反映表演者的想法，从这种角度来看，太极拳和舞蹈是一致的。

太极拳和舞蹈虽同为身体艺术，但所要表达的内容是不同的。舞蹈通常想要表达的是形象美，比如通过表情、动作去感知喜怒哀乐的情感变化，抑或是去了解采摘、丰收、庆典等生活方式、生活状态。但我们很难从太极拳的表演者身上看到他的喜怒哀乐，或是他的生活状态，因为它主要表达的是一种人生观、世界观，是看不见摸不着的意象。两者所要表达的内容在本质上有着很大的区别，一个是客观的现象，一个是抽象的思想。

2. 线条和姿态追求不同

舞蹈和太极拳对线条和姿态都有一定的要求，都追求线条的柔和、身体姿态的曲线美，因此，在两者身上大家都可以看到圆弧的形状。

其实弧线一直是中国传统文化当中比较重要的一种图案形态，无论是图腾还是绘画、书法，其中的圆滑线条处处可见，这也是东方文化的特征之一。但舞蹈追求更多的是整个线条的弯曲度和柔和度，舞蹈的动作、造型更夸张，甚至有些动作超出自然规律，也就是说许多的动作普通人需要通过长期的练习才能做到。而太极拳是要人们能借助弧线不断向圆靠近，其身体姿态讲究的是中正自然，这是顺应身体生长、运动的自然规律。

3. 节奏上的异同

舞蹈和太极拳在表演的过程当中都会有一定的节律。不同的是舞蹈的节奏是随着音乐或者想要表达的情绪而变化的。太极拳的节奏则是根据动作的攻防演练的变化而变化的。通常太极拳在作势的时候，是缓慢的、连续的、不间断的，让人发现不了他何时在用力，何时是放松状态。而一旦需要，又会突然发力，让人琢磨不透，无法预判，这样的不确定性往往带来独特的魅力，吸引别人去探索。

4. 劲力上的异同

舞蹈和太极拳在劲力上的不同也是非常明显的。舞蹈劲力通常更柔和一些，像温和的大海，能够感受波浪的存在，但又不会太过凶猛。而太极拳，更像一条平坦的小河，在平静地向前流动，看似缓慢，但一遇到阻挡，就立即变得异常刚猛，所以太极拳的劲力是在柔和刚之间不停转换的。

5. 对称开合中的异同

舞蹈和太极拳的动作都讲究开合与对称，但区别在于，舞蹈的开合和对称是可以分开的，而太极拳中的开合与对称是合为一体的。太极拳的对称和开合对应的就是中国传统文化当中所讲的"阴阳"。

因此当我们看到武术表演或者太极拳表演的时候，我们对他同样会产生一种美的感觉和享受，但与舞蹈又有差异。这才会有我们之前提出的，到底是武术的"舞"还是舞蹈的"舞"的疑问。

四、"公孙大娘剑器舞"的神韵去哪里追寻

通过之前的内容，希望大家明白，武术和舞蹈是既有区别又有联系的。当我们在欣赏的时候，能否与当年古人观赏公孙氏跳剑舞时的意境产生共鸣呢？为了能更深入地体会当中的区别，我们就用武术中极具代表性的拳种——太极拳，来探讨一下这个问题。

大家对武术套路比赛比较熟悉，拳术刚劲、有力；剑术潇洒、飘逸；刀迅猛、矫健；对练攻守有序、精准无误。所以武术套路演练让人看得热血沸腾，心潮澎湃。

太极拳有别于其他套路，是武术传统套路中的一种，我们通常用虚领顶劲、气成丹田、沉肩坠肘、舒指坐腕、松腰敛臀、圆档松胯、尾闾中正、动静有常、势势相连、绵绵不断、运动如抽丝、迈步如猫行来形容太极拳。它是以中国传统儒、道哲学中的太极、阴阳辩证理念为核心思想，集颐养性情、强身健体、技击对抗等多种功能为一体，结合易学的阴阳五行之变化，中医经络学、古代的导引术和吐纳术形成的一种内外兼修、柔和、缓慢、轻灵、刚柔相济的中国传统拳术。

太极拳通常的套路演练动作舒缓、气定神闲，看上去柔柔弱弱的样子，常让人一时间迷失在舞蹈和武术之中。这样"更低、更慢、更弱"有没有可赏性呢？

（一）太极拳为什么看上去特别赏心悦目

太极拳能广为流传，自然有它独特的魅力。

造型美是武术给人最直观的感受。武术动作讲究"形神兼备"，所谓"形不存，神则灭；神不在，形必亡"。"形"通常指演练者外在的所有特征，包括手形、眼神、身

法、步形等。"神"则指演练者由内而外显露的精神和气质。首先武术的赏心悦目在于对自然的"形"的模仿，从拳种大类来看，有山东的螳螂拳，四川峨眉山的鸭拳，福建的狗拳、鹤拳、虎拳，等等；从具体动作的名称上看，有白鹤亮翅、野马分鬃、乌龙绞柱，等等。武术对自然的模仿，大到雄狮猛虎，小到螳螂细蛇，使得观众在短短几分钟的武术套路中就能领略到自然的奥妙。此外，在中国美学理论中常认为"形具而神生"，例如，在传统的山水画中，山水的神态更多是通过附着在山水的细微物象，如花草鱼鸟，甚至是风云雨雪体现出来的。王思任曾用"烟呼雪喊""苍松傲睨"等词，借烟、雪、松等物象用拟人的手法表现山水的"神"。武术也通过细节表现自己的神态，例如，武术借助眼睛来传达神，类似"眼随手动""目随势注"这样对眼神的要求都能在各家的拳论中找到相似的痕迹。所以武术的魅力在于，观众能在欣赏演练者的外在表象的同时，感悟到演练者内在的情感表达，满足了人对于外在之"形"和内在之生命活力的双重审美享受。

太极拳作为其中一种套路，自然吸纳了这一特征。它内外兼修，柔和、缓慢、轻灵、刚柔相济，姿态端正，讲究中正，以周身自然为妙。它还把谦让为怀的美德，以不卑不亢、从容不迫的神态注入拳技之中，把"与人为善""仁义"表达于外，让观赏者去感受什么是神形兼备并产生共鸣。

动作的阴阳相继、动静结合构成了武术的韵律美。武技艺术的每个作品中，动作与动作间有着轻重缓急、强弱大小的劲力和顿挫，构成了整个作品的旋律。武术的"动"，既可以是凶猛如蛟龙卷起惊涛骇浪，也可以表现为舒缓如莺吟燕舞，涓涓细流。而武术的"静"如同拉满的弓在静止的瞬间蓄势待发，又如山岳般沉稳。武术的魅力在于其要求演练者在追风逐电、一气呵成的动作中做到"静如岳"，又要在绵绵不断、松柔慢匀的套路中做到"动如涛"。例如，华拳"动如奔獭，静若浅鱼"、查拳"行如风，站如鼎"、太极拳"静如山岳，动若江河"，即使拳种间的行拳风格截然不同，但我们可以看出，所有武术套路的演练节奏都在这般"阴阳互化"的矛盾中得到显现，武术的韵律美也由此而生。太极拳特别强调注重阴阳，即螺旋、开合、对称。开时气势饱满，神气鼓荡；合时精神内敛，浑然一体，给人以潇洒而浑厚、舒展而紧凑之美。

武术的美来源于现实，区别于拳击中肉体对抗的暴力美学，也不同于球类运动中最善于制造的悬疑感，中国武术的美恰恰来源于对真实生活的"还原"。武术"表现战斗的'生活'"，武术的技击属性孕育了武术的美学属性，武术套路中对技击术的编排，不是对技击动作"无意义"的临摹和复刻，而是表现演练者内心对于格斗场景的安排和格斗过程想象的一种艺术表现形式。在观众看来，武术套路在有限的场地内创设了一个

气韵生动（传统美育）

虚拟的"格斗空间"，武术的演练者全程是在与看不见的对手对抗，套路中的每一个动作都是为化解"看不见的对手"的出招而做的。因此观众对于"缺少对手"的武术套路的欣赏，必然要通过想象来填补其中的空白，与演练者共同进入假设的空间内，接受演练者预设的格斗场景，并发挥自身意识的再造能力，从而形成对武术的独特审美感受。太极拳"轻如杨花，坚如金石，威比虎猛，鹰扬比急，行同乎水流，止牟乎山立"，处处体现刚柔相济之美，给人一种含蓄且生动的武术技艺的美感，表现出超现实的审美情趣，具有深厚的古代文化底蕴。

（二）太极拳的美感是怎么来的

水文化是中国传统文化的母文化，深刻影响了中华民族的生活生产方式以及相应的思想模式。作为中国传统文化的全息投影，武术难免受到水文化的影响。而太极拳作为武术中璀璨的一颗明珠，其追求的技击原则和美学理念都彰显着水的灵魂，太极拳的美感也由此而来。太极单鞭，如图5-11所示。

图5-11　太极单鞭

太极拳的美感蕴含在动作的动静变换之间。太极拳常用"水之势"体现动作动静变化中蕴含的气势。"长拳者，如长江大海，滔滔不绝也"（《太极拳论》），便是用水的奔流不息来彰显太极拳演练过程中"不尽长江滚滚来"的恢弘气势，同时滔滔不绝的江水也暗示了太极拳"动中存静意，静中寓动机"的独特韵味。太极拳将"动中求静"作为自身运动的基本要领，区别于其他拳种的闪转腾挪。太极拳除了追求形动、意动、气动外，还要求演练者做到神静意和，速度均匀，使得太极拳的"动"在有了"静"的衬托下，更有"山崩海啸，虎视鹰瞵"的雄浑气势。太极拳的动静之中还孕育了太极拳的刚柔之变，"动之始则阳生，静之始则柔生；动之极则阴生，静之极则刚生。阴阳之中，复有阴阳；刚柔之中，复有刚柔"。

陈氏太极拳就特别重视"松柔"的功夫，陈照奎曾就陈式太极拳如何发劲的问题有过解释："太极拳全过程都要百分之百地放松，同时周身节节也要松柔下来。只有在放松的情况下，以掤劲为纲，发劲才能淋漓潇洒，不发则已，一发则迅雷不及掩耳。"太极拳发劲前的松沉蓄力，保证了发劲瞬间的脆弹，从而让观众能够在动静变化和刚柔交替之间感受到太极的神韵。

正如水汇聚到一起就能做到"乱石穿空，惊涛拍岸"，太极拳的独特韵味还体现在其追求的"整劲"上。太极拳是极其讲究整体性的拳种,讲究"根在脚,发于腿,主宰于腰,形于手指"。太极拳的每个动作对于身体的各个关节都有严格的要求,需要做到上下合一,内外合一,具体地说便是"手与脚合、肘与膝合、肩与胯合"。只有这样,太极拳才能组成一幅和谐完整的画卷,观众也能从中欣赏到演练者的身体运动带来的整体美感。

一位太极拳大师演练套路时,宛如一位技艺高超的舞者,让观赏者感到璀璨夺目,身姿矫健敏捷,时而飘若浮云,矫若惊龙;时而雷霆万钧,好比江海凝聚的波光,令人屏息。我们虽已无法目睹当年公孙大娘剑器舞,但我们却可以从武术套路中去窥探一隅。

五、如何欣赏太极拳

太极拳是一种无处不充满美、展示美,使人享受美、感受美的文化。因此若想完整地欣赏太极拳,需要完成如下四步。

(一)观其形

"形"指演练太极拳时人的整体外部姿态,它既可以是一个完成的动作定势,也可以是过渡动作中的运动形态。太极拳的"形"美是反映太极拳外在形式的相对独立的审美特征,是太极拳内在精神最直观外显的美学体现。无论是竞技太极拳(见图5-12)还是传统太极拳,对于"形"的要求都表

图 5-12 2014 年全国武术套路锦标赛

现在两个方面:其一是动态美,指为完成下一个动作前所做的身体运动;其二是静态美,指动作完成瞬间的定势美。太极拳的动态美,有快慢、刚柔之分(在陈式太极拳中尤为明显),静态美也有高低、俯仰的区别。太极拳正是凭借这些动静的和谐交替,表现出套路的节奏感和美感,使得太极拳如一首优美的乐曲,有着长短急缓、抑扬顿挫的韵律感。同时,这种"韵律"又形象地展示了太极拳攻防中的激烈和协调,尤其是那些大动中忽静或是大静中突动的节律变化,更能给人以变化清晰、层次分明的美感。因此欣赏太极拳首先要欣赏太极拳动静、起落、刚柔等"形"的转化。

(二)品其神

有了"形"的基础,接下来就得品味太极拳的"神"。如果把"手眼身法步"归为

"形"的范畴,那么"精神气力功"就完全是"神"的范畴了。太极拳的修炼也是如此,学员在完成"形"的练习后,需要进一步锻炼"神",从而达到逾越外形,由外向内、由表及里,实现由形到神的升腾。

在品味"神"的过程中,最重要的是观察演练者的眼神。在美学理论中,眼神具有"照鉴万物""明德之润泽"的能力,因此眼神作为沟通内在精神的外在表象,有画龙点睛的神奇功效。一名优秀的太极拳演练者,一定能通过眼神表达出"战斗场景"。太极拳对眼神的要求有很多,如"眼随手动""左顾右盼"等。在身体运动的过程中,眼神也会有相对应的运动。除此之外,眼神还伴有相应的神态和表情,这要根据演练者对武术的修炼体悟、武术的演练风格以及所要表达的战斗情景的激烈程度而定。因而,观众在欣赏"神"的过程中能体会到演练者带有情感、体悟和武术理解的表现。

(三)融其境

意境是中国美学的核心问题。太极拳的意境营造是演练者充分运用自身肢体将动静、快慢、虚实等矛盾变化展现给观众,并与观众产生共鸣的过程。在太极拳的意境中,并没有真实的战斗对象,但观众又能切实感觉彷佛置身于真实的战斗场景一般。正如陈鑫认为的要把太极拳练得"可观",需要做到"一片神行之谓景,景不离情,犹情之不离乎理也……里感有情,外感有景",太极拳塑造的战斗场景就是在创造"情景交融"的美学意境。它通过掤、捋、挤、按、肘、挒、采、靠等技术动作,展现出以柔克刚的技术内涵,营造了清逸安舒、缓缓接招、被动出击、冷放突发的战斗情景,通过自身艺术化的创造,将拳法的"情"融入战斗的"景",将演练者的"情"融入拳术套路的"景",从而达到"里感有情、外感有景"的情与景交融互渗的美学意象之"境"。由此,观众能在太极拳的意境中,体会到一种"言不尽意、立象以尽意"的含蓄美。

(四)明其理

欣赏太极拳的最高层次,是在观看太极拳时,接受太极拳"礼""义"等方面的美育教化。儒家讲求"礼",主张人格修养以及行为规范应符合社会规范。因此,"礼"贯穿整个美育体系乃至整个人生的全过程。而中国武术美育的开端可以追溯到西周时期,"西周的射礼,名为射术,实为礼教。这项较射竞赛活动不仅具有习武健身之功效,还蕴含着寓教于乐的美学原则和培养礼法的重要作用"。中国古人将战场上或猎场上冰冷的射杀术改造成具有礼教功能的射礼,赋予这种搏杀术更多的温情和美好,开创了武术育化功用的先河。太极拳的习练者将"崇礼"作为习武的道德基础,观众可以从他套路的演练，甚至是日常生活的相处中体会到太极拳习练者为人处世的点滴细节。通过"礼"的育化而达到君子，正是中国武术美育的目标。

相比于外显的"礼"，太极拳对于"义"的追求则更多体现在精神层面。中国武术所具有的大义精神，以历史、故事、传说的形式被传颂着，教育了一代又一代的中国人，塑造了一个又一个"大义之士"，例如，孙式太极拳的创始人孙禄堂为捍卫民族尊严就曾力挫日本天皇钦命大武士板垣一雄。类似的故事还有很多，他们的故事被传唱、精神被传播、大义被传承，逐渐形成了以义为德、以义为荣、以义为美的价值观念。而太极拳通过肢体动作，进一步展现了中国侠义的宏大叙事，并通过这种形式，寓理于情，与太极拳的"礼"一起融入对人"知"的培养、"情"的感化、"意"的塑造、"行"的规范之中。以春雨润物细无声的方式，逐渐感染观众的内心，让观众在潜移默化中接收到君子风范、大义风范的熏陶，最终在观形会意中实现"立德树人"的美育目标。

相关链接

太极拳赏析

主讲教师：缪猛剑

讲师

武术专项，国家一级运动员，国家一级裁判员

◎ 2019年全国高职体育课程思政教学设计大赛二等奖。
◎ 参与厅局级课题2项，主持市级课题2项。

第六讲

石头也有温度吗

石头都是冷冰冰的吗？玉石也是石头，然而在中国文化中，玉石被看作是"有温度的石头"，因此，大家常用"温"来修饰玉，比如"温润如玉""香润玉温"等。玉石果真有温度吗？其"温"又是从何而来的呢？

东汉许慎《说文解字》言："玉，石之美者。"在古人的生活中，小小一枚古玉，它可以是国家权力的象征，也可以是品格情操的体现，有人说它温文尔雅、随意淡泊，也有人说它温润晶莹、坚贞静定。经历千年岁月的涵养，玉石值得被欣赏的不只是外在的品相，还有那凝结在温润的光泽中的传统韵味。

一、传统中国人如何欣赏和赞美玉

相较于美玉，可能钻石更加受到当今年轻人的青睐，一句"钻石恒久远，一颗永流传"，命中了多少年轻人追求情比金坚、向往幸福永恒的初心。从时间上看，钻石最早出现在印度，先秦时传入中国，在中国古代，钻石有切玉刀、昆吾剑、金刚、金刚石、金刚钻等称呼，显然，这些名称更偏向突显钻石的硬度及其治玉补瓷的功能。玉器文化则有更为深厚绵长的沉淀，已有八千年的历史。钻石与玉，它们有哪些不同呢？

首先，在成分上，钻石的主要成分是碳，是可以人工培养的，甚至人工培养出的质地更加纯净通透、规则美观。据专家言，钻石的价格以后会愈发便宜，因为它可以人工复制。玉则反之。《说文解字》对"玉"的定义是："玉，石之美者。"玉是一种质地坚硬的天然矿石，质感温润，具有光泽，呈半透明状态，硬度一般在摩氏4.5度以上。玉

气韵生动（传统美育）

是纯天然的，是集天地之精华于一体的。玉石和钻石相比，刚好就体现了东西方美学的差异。钻石棱角分明，锋芒毕露，代表了西方逻辑的、精谨的、严峻的气质。玉石则是温润的、谦和的、内敛的、半通透的，"体如凝脂，精光内蕴"，就像东方美人一样温柔蕴藉、平淡天真，也体现了东方谦和内敛的处世哲学。就如故宫历经风雨的朱红砖墙，于世事的阴翳与明暗中缄口不言。钻石拥有系统严格的4C评判标准，硬而易碎，而玉作为不同元素的凝聚，韧而耐磨。所以人常言品玉就是品人，玉代表人的一种品质。

其次，在加工方式上，钻石的加工方式要配合钻石本身的光轴折射率进行完美、规整、机械的切割；而玉石，我们往往可以利用它原初的形状随形雕琢，比如留下的一块巧色也能用它的形来做各种想象。所以，玉更加写意，更加风流。《诗经》有"言念君子，温其如玉"，想到一个美好的人就把他和玉联系起来，如同梅兰竹菊可以比拟四君子，其实，这就是起到了比德的作用，以玉比喻个人的高贵品质。正所谓"君子无故，玉不离身"，不能无缘无故去掉身上的佩玉，要时时刻刻向玉靠拢学习，学习玉的精神品质。

知识拓展

玉器文化与文学

玉器文化在中国八千年的历史发展过程中，早已深入政治、经济、文化等各个方面。在文学上，常见以玉喻人，"若三尺寒泉浸明玉"写尽飞燕沐浴之美，崔莺莺的出场是"隔墙花影动，疑似玉人来"；又有古玉通灵，庙巫以玉枕使人黄粱一梦，《红楼梦》中通灵宝玉救了被马道婆做法加害的贾宝玉；因玉之美好，玉尺便成了文学中选拔人才和评价诗文的标准，李白有诗："仙人持玉尺，度君多少才；玉尺不可尽，君才无时休。"话本中也有天子赐下玉尺一柄以量天下之才的故事。

玉石是身份和等级的象征，不同规格的玉石有不同的意义。《周礼·春官·大宗伯》载："以玉作六瑞，以等邦国：王执镇圭，公执桓圭，侯执信圭，伯执躬圭，子执谷璧，男执蒲璧。"六瑞是周代朝见天子时，周天子及各诸侯所持之玉制信物。依照爵位等级的差别，每人手中所执玉圭大小形状各异，用以区别并象征他们身份等级的高低。同时，不同的身份，不同的政治地位，所佩玉饰的大小、形态、颜色也是不一样的。《礼记·玉藻》中记载："天子佩白玉而玄组绶，公侯佩山玄玉而朱组绶，大夫佩水苍玉而纯组绶,世子佩瑜玉而綦组绶,士佩瓀玟而缊组绶。"

在历代舆服制度中,玉往往比黄金还要高出一个级别。《左传》记载昭公七年子产与赵景子的对话,其中提到:"用物精多,则魂魄强,是以有精爽至于神明。"精,就是生命能量,其承载物,依《国语》等所言,以玉、帛为上。"玉为物精之首"的观念,在战国汉代以来的道家神仙思想和炼丹风气中得到进一步提升。仙道之家无论地名、神名,还是法器命名,处处皆崇尚使用玉。道家认为人得一分阳气则不死,而玉这种材质本身的恒久性,昭示了所谓采阳的法门。所以,在道家文化中,玉就成了通往永恒的媒介、由死入生的法门,甚至是灵魂不朽的凭信。

玉器文化中还形成了一套"居则习礼文、行则鸣佩玉"的君子行为标准。玉器的使用不只是在日常佩戴,它是生死相随的。汉代厚葬制度下,古人视死如视生。墓葬所有者希望死后还能享受生前的荣耀,便用这些生前佩戴的东西随葬。在一段历史时期内,古人甚至认为玉器有防腐的特殊功效,施覆于人体各部位可以保护尸体。

知识拓展

金缕玉衣

玉衣是汉代皇帝、诸侯王和高级贵族死后的殓服。当时中央设置了一个专门制作丧葬品的机构,称为东园匠,玉衣就是在它的监督下制作的。玉衣的制作是一个非常复杂的过程,所用的玉料要经过开料、锯片、磨光及钻孔等。据推算,汉代制作一件玉衣,约需一名玉工费10余年的功夫。

古人认为玉是阳气的化身。人死后灵魂将会从"九窍"离开躯体,为了留住这些魂魄,于是就用代表阳气的玉将七窍塞起来。"口琀"和"窍塞"是专用来堵塞死者身体上"九窍"部位的玉器。"九窍"指的是双眼、双耳、鼻孔、嘴、肛门和生殖器,古人认为堵住这"九窍",可防止人体内精气外逸而使尸体不朽。"玉握"是握在死者手中的玉器。汉代玉握常见为猪形,以"汉八刀"雕刻,象征财富。在"黄金有价玉无价"的古代,玉的档次甚至是高出黄金的。大家如果留意过一些盗墓的影视或报导,会发现盗墓现场的一种奇怪现象:金缕玉衣的玉片洒落一地,黄金金丝倒被抽走了。价值更高、档次更高的玉为什么反而遗落下来呢?这与玉器使用的阶级性有关。玉的等级特别高,不是平民百姓所能够拥有的。盗墓贼即便偷了玉也根本卖不掉,去公开售卖更是无异于

气韵生动（传统美育）

自曝其短，可能招致砍头的祸患。

打开《说文解字》，第六个部首就是"玉"旁，隶属"玉"部的共有124个汉字，除了白璧无瑕的"瑕"字，剩下的全是正向价值。因为玉代表着神圣和永生不死。如道教中"玉皇大帝"的命名也与玉有关。1949年以后开启了轰轰烈烈的中国文字改革，形成了当今使用的简体字。例如，国家的"國"，"或"在《说文解字》里可分解为"囗"和"戈"，"囗"代表疆域、土地，"戈"指保卫这片疆域。这种解释使"国"字充满了杀伐之气。1949年以后，郭沫若提议，把"囗"字框里面的"或"字改成"玉"字，这样去掉了杀气，纳入温润、内敛之味，更能代表中国人的品性，表明中华民族的人民有玉一样的精神。其实，从君王、王公大臣到平民百姓，都有玉的精神，历代帝王如秦始皇、宋高宗、乾隆皇帝等都是玉器的大收藏家。

知识拓展

乾隆皇帝收藏和田玉的故事

清代乾隆皇帝是一位著名的和田玉痴迷者。北京故宫博物院仍藏有大量乾隆皇帝生前喜欢的大玉瓮、大玉瓶、大玉山等，其中有一座巨大的和田玉雕作品——《大禹治水图》玉山，更是当年乾隆痴爱和田玉留下的杰作。这一座重达万斤、由质地温润的和田玉雕琢的玉山仅从原产地运输至北京就花了三年时间，为了精益求精，乾隆遍招全国最顶尖的玉雕师进行创作，前后耗时将近七年。这座中国玉器宝库中用料最宏、花时最久、费用最昂、雕琢最精、器形最巨、气魄最大的玉雕工艺品完工后，已近耄耋之年的乾隆为此亲笔题字写诗，并将其收藏入故宫博物院乐寿堂，至今未被移动。

二、中国人爱玉经历了怎样的历程

中国人喜欢玉经历了怎样的过程？最简单的说法是经历了三个阶段：巫玉、王玉和民玉时代。历史文明进程从旧石器时代开始，分别经历了新石器时代、青铜时代、铁器时代等。专家认为在石器时代和青铜时代之间，还有一个玉器时代，距今4000至6000年。

（一）巫玉

首先说巫玉文化。史前文化大都跟巫术相关，包括当今美术史的开端。原始时期的人类创作了大量的壁画，上面画满了各种飞禽走兽。但当时古人并不是从审美角度出发进行壁画创作的，而是包含了一种祭祀、祈祷的含义：祈求下次狩猎的时候可以捕获更多的牛羊。除此以外，古代皇帝也与巫师相关。华夏的"三皇五帝"，就是帝王化的神巫。当时的帝王能够呼风唤雨、勘测国运，他本身是一个大巫师，能接受天神的旨意，民众唯神是从。当时要跟天产生联系必须有个媒介或一个道具，这就是玉器。在这个意义上，玉也成了"神玉"。甲骨文的"巫"字，就是两玉交叠之形。

知识拓展

巫术说与艺术起源

巫术说认为，巫术是人类一切文化的原型。这个理论最早由英国人类学家泰勒提出。原始人认为万物有灵，所谓形象思维，首先就是一种神化思维。英国人类学家弗雷泽进一步提出交感巫术理论，原始人企图通过巫术的行为去控制冥冥中主宰命运的鬼神世界，一旦这种控制失灵，就转向崇拜。

比如美术的"美"，《说文解字》里面认为是"羊""大"为"美"，即一只长得很丰肥的羊很甘甜肥美。近代的学者，比如萧兵则认为应该分解为"羊""人"为"美"，也就是一个正面的大人，头戴羊角面具在跳巫术相关的舞蹈，具有通天格神的巨大精神力量。美术含有"巫术"的性质，本身就是一种巫术活动，它具有吉祥的祝福含义，也就是说，"美"可以通假为"祥"。

曾有观点认为，五帝之首的黄帝本身也是至高的巫师。甲骨文中，黄帝之"黄"字，从"大"，乃腰间佩戴环玉之人形。黄帝之"帝"字，有人释为"柴祭"。甲骨文专家严一萍说："帝者，以架插薪而祭天也。"架柴薪生火祭天，烟火直入天际，古人认为这样可以沟通三界。甲骨文专家王辉先生也认为帝就是"柴祭"，祭祀的对象为居于天空的自然神。黄帝，就是身上佩玉、在祭坛主持祭祀仪式的人。

此外，跟天地相联系还有另外一种方法：使用火和烟。他们认为火和烟有沟通天地的功能。烟是一个很有意思的东西，大家都知道在祭祀的时候需要点一根香，烟雾从地面袅袅升入天际。古人认为香烟可以将地上人的心愿旨意，甚至地上食物的香味传达给天际。所以当时的帝王就手拿玉器、架起柴火，在用石头垒成的方台或者圆台上进行祭天礼。《山海经》讲过许多"台"，如轩辕之台、帝尧台、帝喾台、帝丹朱台、帝舜台、共工台等。黄帝，号轩辕，当然是台（尤其是轩辕台）上各种仪式的主持人。

气韵生动（传统美育）

遥想那时的黄帝高冠华服，环佩琳琅，占据高台之上，架薪祭天，礼玉通神，周遭五色云起，拂鸟随人，何等仙姿卓荦又威武气派！他的精神气质，伴随着那些神话和传奇，绵远流长，贯注到了中华民族的血脉之中。

知识拓展

牛河梁祭坛

牛河梁遗址女神庙后有一个四万多平方米的方台可以与《山海经》互为印证。该方台由石块砌筑围合而成，相当壮观，当为红山文化先民从事重大公共活动的场所。我们还可以看到墓葬里的墓主人（牛河梁遗址）都是被玉器环绕的。他希望人死后回到原初的状态，死而复生，认为玉器能够为人们打开通灵的法门。

红山玉器是"素以为绚"的典范。精光内蕴的玉石，经过岁月山河的洗礼，本身就充满幽微变幻的奇迹。那天马行空的想象力，婴儿皮肤般的质地，神秘玄怪的造型，熟练精微的切割痕迹，隐约突起的阳纹，简洁利落的瓦沟纹、凸玄纹、网格纹，似乎随心所欲又炉火纯青。当太阳神、C形龙、龙形玦、玉鸮、玉鹰、玉蝉、玉蛙、人面玉佩、勾云形佩等鬼斧神工的形象出现在面前，似乎瞬间就会腾云穿雾、上天入海，使人突然想到《山海经》里的山川鸟兽，如此荒诞不经又异彩纷呈。由中国国家博物馆所藏的内蒙古赤峰温牛特旗出土的玉龙（C形龙，见图6-1），其形象已经非常概括完整、有设计感。有飞扬的鬣毛、卷曲的尾巴，水滴形眼睛、唇吻微微翘起，在严峻的王者之气当中又带了一点俏皮和可爱。

图6-1 红山文化C形龙之典型形制

（二）王玉

夏商周时期，玉器在礼仪、祭祀、装饰、艺术等社会生活各方面占据着主流地位，成为贵族统治者王权的象征物。原始社会认为神圣不可亵渎的玉，开始走向了社会生活。"武丁时代"是商朝历史上的顶峰时代，商王武丁的妻子妇好，是一位文武双全的女将军,其墓位于河南安阳小屯村。1976年,该墓出土了大量铜器、石器、玉器等文物,多达1928件,玉器则有700余件。玉象、玉人、玉凤等就是其中的代表。

东周到两汉,玉作为一种精神和道德规范,被人们所接受。儒家认为,玉是完美天赋的象征,人应该依照它的属性来完善自我。孔子曰:"夫昔者,君子比德于玉焉。"又曰:"玉之美,有如君子之德。"他认为玉具有仁、智、义、礼、乐、忠、信、天、地、德、道等君子应该有的品格。儒家形容"学习",讲其"如切如磋",这里的"切磋"是加工玉的方法(见图6-2)。儒家发展才2000多年,"切磋"玉已经有了9000年的实践。

再来看汉代时期留存至今的玉器。在如图6-3所示西汉时期的龙凤佩中,已可以看到古人构图能力之强。龙凤缠绕的形象是很难表现的,但古人用非常美而简约的形式去概括它的造型,构图简约巧妙,线条穿插生动,用料厚实而不板滞,如有神助,体现出古人丰厚的想象力。

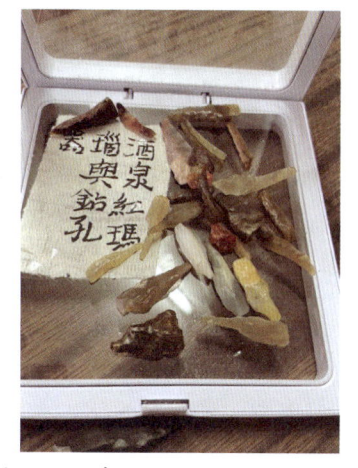

图 6-2　酒泉红玛瑙与玉石琢磨打孔器

(三)民玉

从隋唐至明清,玉器风格逐渐摆脱了神秘感,向世俗化发展,反映出浓厚的生活气息。佛像也一样,之前的佛像大多是高高在上的,然而到了唐代,"菩萨如宫娃"的认知使其走下神坛,开始进入人间。到了宋代,菩萨就如身边邻人,亲切和蔼,充满了生活气息,与巫术王权时代的气质完全不一样。上海博物馆收藏的唐代玉飞天就充满了生命的华彩与欢腾乐观的希望。

图 6-3　西汉白玉龙凤佩

古人会将在自然界中观测到各种动物的特点,巧妙地表现在玉器上。比如辽金时期的作品——鸟啄天鹅,他们观测到物种之间各种和谐交流或者互相伤害的景象后,便将之神形毕现地表现在手工器物上面。

三、沁与包浆

玉仿若有生命一般，具有善于吸收其他物质的特性。古玉器被埋入土中之后，一方面会将近邻的物质吸入自己体内，同时，其体内原有的物质也会起酸化作用。这种玉在土中年久经他物浸染的现象，名曰"沁"。

古玉沁色的不同主要和近邻物质有关，一般玉埋于土中，总会受到土的侵蚀，受土侵蚀较轻的称"土蚀""土锈"，较重的称"土浸""土斑"，都是受地气熏蒸而致。一般入土时间长的古玉，其"土锈""土斑"用刀刮也刮不掉，因为含沙性的土已经渗到了玉的肌理中，并与玉合而为一了。

玉器的"沁"会呈现出不同颜色。有的古玉器上会出现红色，有的玉器则全黑，这与玉器周围的"生存"环境有关。玉的样貌体现着它的"生存"环境，就像人在自然天地与社会环境中一样。新石器时代，入葬的礼仪中有往棺底铺设朱砂（辰砂）的习俗，因而造成陪葬的玉器浸染朱砂并深入肌理，形成了红沁的玉。玉器家美其名曰：宝石红、孩儿面。其余还有铜沁、水银沁等，呈现出黑色沁的玉器，就与墓葬中铺设的水银有很大关系。有"沁"的玉器带在身上以后，它的形态也会不断地发生变化。不同人带同一玉器，它所养出来的光泽度和色彩也可能不尽相同。因而，痴迷玉器的收藏家会认为古玉是"活"的，会和人对话，会和天地对话。

再说"包浆"，包浆是古玩行业的专业术语，指文物表面由于长时间氧化形成的氧化层。"包浆"其实就是玉器的光泽度，专指古物器物经过长年久月之后，在表面上形成的一层自然的光泽。不止玉器，瓷器、木器、玉器、铜器、牙雕、文玩、书画碑拓等纸绢制品都有包浆。包浆既然承托岁月，那么年代越久的东西，包浆往往越厚。举一个简单的例子，新买来的竹席，不论打磨得多少光滑，都不算有包浆，但老祖母睡了五十年的竹席，包浆红亮不待言说。新锄头的把柄没有包浆，但老农民的锄头柄，无不包浆厚实。玉器随着温湿变化而变化，好像是个"感应器"。天热时敏感于空气的干湿，吸收人体的汗腺液；气温下降后，玉表层与凝聚的汗腺液得以收缩，又与空气接触发生氧化作用，日月递增之下形成一层厚厚的光泽。

包浆是在悠悠岁月中经过灰尘、汗水，甚至把玩者的手渍浸染，经久摩挲，层层积淀下逐渐形成的表面皮壳。它滑熟可喜、幽光沉静，告诉人们这件东西有了年纪，显露出一种温存的旧气。这恰恰与刚出炉的新货那种刺目的、带有浮躁色调与干涩肌理的"贼光"形成对照。

玉的表面像人的皮肤一样，有像毛细孔一样的玉门。在把握把玩的过程中，生命气息就开始沁入这块玉,最后玉成为了浸润把玩者生命的独一无二的器物。可能换一个人,这块玉就发生了变化。从化学的角度来说,每个人体液的化学成分会不一样。人和玉之间进行了一种交换,它同人之间产生某种共鸣,相互滋养。因此,每一块玉都是独一无二的。有时候新玉的光太闪眼了,就像钻石那种光。而包浆后的感觉是内敛的,由内而外的。

知识拓展

玉的养护

民间有一句话叫"人养玉三年,玉养人一生",人和玉之间的"养"是互养的意思,并没有先后顺序之分。玉在人的不断把玩中,均匀地吸收人体油脂,在时岁的浸润中,日渐形成包浆;而人在反复接触玉的温润中,也能获得身心的愉悦。人玉互养,实际上是人和玉之间的对话。

四、佩玉的讲究

在古代,玉器的佩戴有章法。贵人用玉可以"从头到手、从生到死"。"从头到手"是说从头部开始全身佩戴、装饰玉器,最远处到达手部;"从生到死"是说生前全身佩玉,到了死后依然要全身使用葬玉。

《礼记·玉藻》记载:"天子佩白玉而玄组绶,公侯佩山玄玉而朱组绶,大夫佩水苍玉而纯组绶,世子佩瑜玉而綦组绶,士佩瓀玟而缊组绶。"这是中国佩玉等级制度的根,后世各朝代的用玉制度基本都参照它而来,它的理论基础还是"礼"。

"组绶"就是用来系玉的丝带,由多股丝线编成,这就让它可以进行颜色组合,也就是彩绳。天子佩戴用黑丝带系起的白玉;诸侯佩戴用红丝带系起的山玄玉。"山玄、水苍,如山之玄、如水之苍"。所以,"山玄玉"就是淡黑色的玉。"纯"是指黑色发赤黄,"水苍玉"就是深青色的玉,那么大夫佩戴的就用黑中带赤黄色组绶系起的深青色玉。"瑜玉"有两种解读:一种是说瑜玉就是红色的玉,那么它很可能是玛瑙;一种来自孔颖达的解释,说瑜玉意为"美好的玉"。从上面各个级别佩玉都讲究颜色看,我们宜采信第一种说法。"綦"是苍青色之意,那就是世子佩戴用苍青色丝带系起的红玉。"瓀玟"乃"石次玉者",也就是今天考古学所说的"假玉"们,就是松石、水晶、玉髓之类。士比之真正的贵族要差一级,所以只能佩戴用黄色丝带系起的"假玉"。

举例来说，即便是古人生活中常见的日常配饰玉簪，都大有讲究。剧作《长安十二时辰》中，信奉道教的李必广袖、鹤氅、玉冠、拂尘，最是翩翩公子模样。很多人注意到他所佩戴的芙蓉冠簪子为竖着倒插。中国古代束发簪一般分横式和竖式，横式即卯酉簪，竖式即子午簪。至少到元代之前，道士的道冠还以子午簪式为主，也即子午朝向的从后往前插的方式。直至到了明清，始有卯酉朝向插法。左为生而右为死，当为从左往右插入。乾隆皇帝也是此类汉装扮相的忠实拥趸。

其他民间的讲究还有很多。手镯不可双手佩戴；玉碎之后，可以深埋，也可以放进鱼缸；手汗多的不适合盘玉，可以隔一个棉袋子盘，等等。这些都是人们在漫长的岁月与历史中，用心感受和总结到的经验。

相关链接：佩玉与盘玉

五、玉之哲学及人之缘分

"玉，石之美者。"玉石质地细腻，色彩微妙，韧而耐磨，光透柔和，敲击之声舒畅悠扬，中国在对玉质、玉色、玉性欣赏的基础上发展了"仁义礼勇洁"的玉德之美，推崇"君子比德于玉"。正所谓黄金有价玉无价，玉石之美、人玉相通已经超脱出物体本身，如谷崎润一郎在《阴翳礼赞》中指出，西洋纸洁白反光，而东方纸如初雪霏微，柔和细密，正如玉石浑厚蕴藉的肌理，朦胧的色泽中积聚了悠久文明的琐屑，蕴含了岁月历史的沧桑，这才是无与伦比的美丽与财富。

古老而富有禅意的东方之美拥有属于"藏"的哲学，而时代的高速前进使得现代人渐失原来的专注，令人欣喜的是，已经有人意识到，重获平静也是一种难得的修养，玉石表达的多种可能更是使其拥有可观的潜力与现代美学交融打磨，生生不息，源远流长。

艺术审美中对材料有要求的中国人喜欢有生命的材料，比如木头、竹、玉。我们形容人中典范的君子是"君子如玉"，形容如花的美人是"美人如玉"，形容一个人声音好听、声音嘹亮是"金声玉振"。玉的性格、气质体现着中国人的温良恭俭让。

以前大家闺秀走路会带着步摇，金步摇常是一个精致的凤山下面含有长长的流苏。这有两个含义：一则体现女孩子走路的摇曳生姿，再则就是随时提醒人的举止。步伐太快、步摇晃动太快的时候，它让你放慢步伐要优雅，不要"花枝乱颤"。玉也是一样的意思，佩戴在身上，便行为收敛，小心不要撞碎了，要放慢步伐才会优雅。所以玉佩戴在身上就在告诫一个人，行为要得当，不能太缓，不能太急。所以我们喜欢玉，欣赏玉，也懂得怎么使用玉，这就是中国文化。真会欣赏一种物件，就会找到它背后的东西，看见的是物象，却从中获得许多感触、领悟，那就是艺术。

中国人对喜欢的东西自有其态度。"痴"这个字眼，是在美术史上的一个非常重要的字，凝聚了心性和精神，是一种很美的状态，这个字用英文是很难翻译的，并不是笨或傻。以前有"梅妻鹤子"的典故。林逋喜欢梅花，到最后把梅花看作自己的妻子，喜欢鹤，并把它看作自己的儿子一样，这也是一种审美态度，也是一种超乎寻常的世界观。古人更有喜欢石头的，比如米芾，最后就变成了"石痴"。喜欢一样事物，喜欢到最后全身心投入，物我交融，这就是我们传统的审美观。这同西方的审美有很大的区别，西方的审美，我是主体，对象是客体。而中国人的审美是物我交融的，慢慢体会就能感知到玉器生命的律动和气韵生动。

器物随人，也会因人的滋养，渐渐拂去尘埃而显现本有的华彩，于是，在这一世就重新留下了彼此的印记。也由于这些流年相逢的古物，一起相聚品赏的朋友们，似乎也接续起了前世今生的缘分，"契阔谈䜩，心念旧恩"。也许，友人们本身都是失散在流年中的故人，在此间久别重逢。

天地与古人留给我们的美玉，器表纷披的痕迹都是密密的心意。英国的莫里斯倡导"手工艺运动"，认为最优秀的艺术家也是个工人，最卑贱的民间手工艺人也是艺术家。永远向那些远古的手工艺人们致以最深的敬意，因为不被俗世羁绊，他们最近天地，最具性灵，有着最不羁的想象力、最广阔的视野和最干净的内心，穿越无尽的岁月，直到永远。

图 6-4　良渚玉琮与小人儿（毕立伟绘制）

主讲教师：胡建君

作家 / 上海大学、上海美术学院副教授

中国美术学院博士，博士生导师，上海大学中国书画研究中心副主任，上海美术学院新媒体文创联合工作室主任，上海诗词学会常务理事

◎ 已出版《怀玉——红山良渚佩饰玉》《飞鸟与鱼——银饰里的流年》等作品二十余部。

第七讲
"岁寒三友"与"国色天香"孰美

岁寒三友"独立傲霜雪",经冬不凋,风姿清冷;盛世牡丹"独占人间第一香",国色天香,富贵祥瑞。在传统文化中,"岁寒三友"与"国色天香",谁更美?谁更能吸引文士流连的目光和缠绵的笔墨?它们出现的场合风格一样吗?

在中国文化语境中,以植物为题材的书画文学作品颇丰,也不乏赋予植物意象以人格意味的艺术表现。植物的象征构思和情感含义更多依托于文学传统的土壤而形成。屈原在《楚辞》中常以香草美人相论,赋予了植物物种含义之外的美学和道德含义。据统计,《楚辞》中屈原一共使用了44种香草,其中重复频率最高的木兰、秋菊、荷花等也常被当作是品行高洁的象征。《易经》《诗经》《山海经》、先秦诸子散文、《史记》《资治通鉴》等典籍对植物的描述常含有比德的寓意,如岁寒三友(松竹梅)、花中四君子(春兰、夏荷、秋菊、冬梅)等都受到文学家的喜爱和高度赞誉,这种喜欢渐而泛化到文士群体。

植物的人格比拟常源于植物本身的生长特质。比如芦苇的茎叶细长柔弱,茎叶具有较强的韧性,其根茎较为发达,即便用力扯拽,也很难将芦苇从土壤中拔出,即便强风吹袭,也不会将芦苇刮倒,花朵为黄色,小而朴实,给人一种脚踏实地的感觉。因此,芦苇常被人们赋予坚韧、朴实的寓意。在《古诗为焦仲卿妻作》中,刘兰芝就用"蒲苇纫如丝,磐石无转移"来表达自己对爱情的坚贞。

在众多富有意涵的植物群体中,松竹梅和牡丹代表了不同的审美观念和思想情趣。由松竹梅合成的"岁寒三友"图案是中国古代器物、衣物和建筑上常用的装饰题材,逐渐演变成雅俗共赏的吉祥图案,流传至今。

一、"岁寒三友"组合何时出现

松、竹、梅为"岁寒三友"是宋代开始流行的一个说法，体现了人们对松、竹、梅三种植物尤其是梅花审美品格的赞美。

松柏，属常绿乔木，喜温抗寒，对土壤酸碱度适应性强。自古以来，中国人民就对松树怀有一种特殊的感情，常以松柏象征坚强不屈的品格。《论语·子罕》中言："岁寒，然后知松柏之后凋也。"每年天气最冷的时候，其他植物大多都凋零，只有松柏挺拔、不落。西汉时期，司马迁在《史记·伯夷列传》中，就引用了孔子这句关于松柏的名言，指出"举世混浊，清士乃见"，像伯夷叔齐这样的"清士"始终不忘初心、坚韧不拔，如同傲然挺立的松柏。秦汉以后，经冬不凋的松树渐而成为士人砥砺自我的寄托。

更早时候的《诗经》开创了以竹喻人的先河。诗歌《国风·卫风·淇奥》采用借物起兴的手法，每章均以"绿竹"起兴，借绿竹的挺拔、青翠、浓密来赞颂君子的高风亮节。

国风·卫风·淇奥

瞻彼淇奥，绿竹猗猗。有匪君子，如切如磋，如琢如磨。瑟兮僩兮，赫兮咺兮。有匪君子，终不可谖兮。

瞻彼淇奥，绿竹青青。有匪君子，充耳琇莹，会弁如星。瑟兮僩兮，赫兮咺兮。有匪君子，终不可谖兮。

瞻彼淇奥，绿竹如箦。有匪君子，如金如锡，如圭如璧。宽兮绰兮，猗重较兮。善戏谑兮，不为虐兮。

"岁寒三友"是把松、竹、梅三物并比联颂的一种说法，这三者的组合有一个逐步发展的过程。其中，松和竹的连结历史更为久远。从现有资料看，《礼记·礼器第十》开了后世松竹齐美并称之先河："其在人也，如竹箭之有筠也，如松柏之有心也。二者居天下之大端矣，故贯四时而不改柯易叶。"松与竹同时出现，连喻一个人表里相应、坚贞正直的品格。又如，晋名士戴逵有《松竹赞》："猗欤松竹，独蔚山皋。肃肃修竿，森森长条。"诗人鲍照也在诗歌中盛赞了松竹的抗寒品质。

中兴歌十首（其十）

（南北朝）鲍照

梅花一时艳，竹叶千年色。

愿君松柏心，采照无穷极。

第七讲 "岁寒三友"与"国色天香"媲美

魏晋南北朝时期,梅花并没有受到士人的重视。那时,人们认为梅花荣谢转瞬,一时呈艳,与松竹之岁寒不改、千年一色恰好构成对立。所以,当人们在不吝笔墨赞美松竹之凌寒耐久、风冽节劲之时,梅花与桃李等众芳一样只是松竹的反衬。南朝梁时期的文学家吴均的《梅花诗》中甚至有"梅性本轻荡,世人相陵贱"的说法。

直到唐代,人们不再一味地感叹梅花的易落,而是看到其与松、竹一般所具有的耐寒特质,临寒怒放的梅花开始成为士人们争相赞颂的对象。如,唐代诗人张谓在《早梅》中写道:

一树寒梅白玉条,迥临村路傍溪桥。不知近水花先发,疑是经冬雪未销。

诗人疑白梅作雪,既赞美了梅的美丽,也赞美了它的耐寒品质。

竹梅并举,成为当时的诗文风尚。唐代诗人钱起在《宴崔驸马玉山别业》中写道:"竹馆烟催暝,梅园雪误春。"刘言史在《竹里梅》中写道:"竹里梅花相并枝,梅花正发竹枝垂。风吹总向竹枝上,直似王家雪下时。"

可见,梅花因傲雪怒放的坚贞,被世人与松竹两者媲美连誉。唐代诗人朱庆馀在《早梅》诗中,将松、梅、竹并举:"天然根性异,万物尽难陪。自古承春早,严冬斗雪开。艳寒宜雨露,香冷隔尘埃。堪把依松竹,良涂一处栽。"这大概就是"岁寒三友"组合的雏形了。

但"岁寒三友"这个名称的正式出现是在南宋初期,浙江瑞安人周之翰在《爇梅赋》中写道:"春魁占百花头上,岁寒居三友图中"。梅花是第一个向春天招手的花朵,其后才有百花盛放的局面。"岁寒三友"也常见于宋代文人绘画之中,它与绘画保持紧密的关系。如南宋时期诗人张元干,他就写过一首名叫《岁寒三友图》的题画诗:"苍官森古鬣,此君挺刚节。中有调鼎姿,独立傲霜雪。"对画中的松竹梅进行具体的描述。

松、竹、梅组成"三友",在南宋末年被用来比况身处乱世又不变其节的忠贞之士。南宋以后,以"岁寒三友"为主题的绘画作品不仅数量多,质量也很高,如宋代赵孟坚的《岁寒三友图》(见图7-1)。

这幅《岁寒三友图》的作者为南宋末年,集文人、士夫、画家身份于一身的赵孟坚(1199—1264或至1267年)。由于经历丧国的痛楚,赵孟坚常以水墨或白描画梅、兰、水仙等,来表达他清高坚贞的品格。《岁寒三友图》本幅为《墨林拔萃》册第六幅。将松、竹、梅三友折枝下来,以插花构景的方式,组成三合一的画面。布局静谧雅致,画面亦工亦写:梅花以细笔浓墨圈钩花瓣,旁用淡墨衬染;松针交互叠次,齐整又富变化,用笔尖挺劲拔;墨竹则以中锋运使,挺劲有力。松、竹、梅画法各异,笔墨清新,活泼生

081

气韵生动（传统美育）

动，写实又写意，充满韵致，是幅极具精神的南宋"小品"。

图 7-1　南宋赵孟坚绘《岁寒三友图》

知识拓展

南宋赵孟坚

　　1127年宋室南迁，系出安定郡王的赵孟坚，所绘大皆是梅、兰、竹石、水仙等喻清高坚贞品格的题材。此类题材向来被引喻为乱世临难而不失其德的高风亮节表征，赵氏以此自况与南渡后士人情怀正相契合。简言之，此托物寓兴寄情笔墨的风尚，可能于北宋末兴起至南宋末盛行，而开启了元际文人绘画范畴的扩展。

　　之后，明末清初八大山人的《岁寒三友图》等，在文人群体当中也产生深远影响。

二、"松竹梅"背后隐含着什么样的人文风骨

　　岁寒，指的不仅是一个时间概念、自然环境的概念，更多寓指的是一种人文环境、社会环境。自古以来，人们观察到，每到万物凋零之时，总有一些植物抵住了严寒，依旧展现着勃勃生机。在这些"顽强"的植物身上，人们仿佛看见了自己孜孜以求的高尚品格。人们通过诗歌、绘画或其他艺术形式不断地咏叹它们的美好品质，"岁寒三友"就是其中典型的代表。

（一）文人逸话

自古而来，中国人酷爱竹，北宋文豪苏轼有一段非常有名的爱竹论，宁可没有肉吃，也不能让居住的地方没有竹子。人没有肉吃不过会瘦，但没有竹子，人就变得很庸俗。原因是人瘦还可以长胖，人俗了，那可就难以医治了。竹子在人们眼中是出尘的、不入俗的一种意象。

> 王子猷尝暂寄人空宅住，便令种竹。或问："暂住何烦尔！"王啸咏良久，直指竹曰："何可一日无此君！"
>
> ——《世说新语》

晋代书圣王羲之的儿子王徽之，字子猷，一生潇洒自适。王子猷爱竹，曾经暂时租了别人家的一个空宅，一住下就令人立刻在院子里种上竹子。有人问他，你不是就住几天吗，过两天就搬走了，何必种竹呢？王徽之反问道："何可一日无此君？"怎么忍受得了一天没有竹君子呢？

关于梅花的逸话也不少。古人还给梅取了一个很仙气的名字，叫"梅逸士"。梅有风骨，有意趣。在古代中国，有一些人不喜欢迎合权贵，不愿与世俗为伍，就以梅来借代坚持信念的高风傲骨。

> 林逋隐居杭州孤山，常畜两鹤，纵之则飞入云霄，盘旋久之，复入笼中。逋常泛小艇，游西湖诸寺。有客至逋所居，则一童子出应门，延客坐，为开笼纵鹤。良久，逋必棹小船而归。盖尝以鹤飞为验也。
>
> ——宋·沈括《梦溪笔谈·人事二》

竹笛《梅花三弄》

北宋著名诗人林逋不好仕途，隐居杭州西湖，结庐孤山，在那里享受自然的美好，享受云卷云舒的洒脱生活。林逋爱梅成痴，终生不娶，将梅作为精神伴侣，留下"梅妻鹤子"的浪漫传说。林逋不求尘间名利，不为入世封侯，只愿长隐山林，其爱梅咏梅的理由，也正是他们立身处世的准则。

元代画家王冕，画梅成癖，曾经隐居在浙江诸暨的九里山，种了上千株梅树，给自己的居所题名"梅花屋"。他画的墨梅花密枝繁，行笔刚健（见图7-2）。还配了一首诗：

气韵生动（传统美育）

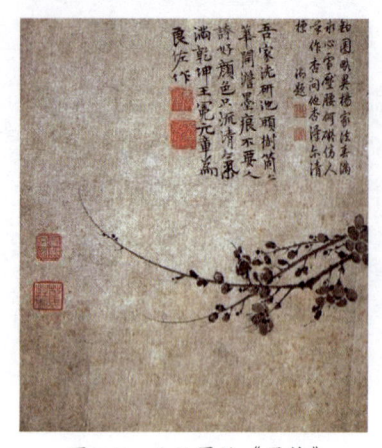

图 7-2　元王冕绘《墨梅》

墨梅

（元）王冕

题画原版本

吾家洗砚池头树，个个花开淡墨痕。

不要人夸好颜色，只流清气满乾坤。

版本二

我家洗砚池头树，朵朵花开淡墨痕。

不要人夸好颜色，只留清气满乾坤。

"不要人夸好颜色，只留清气满乾坤。"这是梅花的清气，也是诗人的自励，一语双关。

松、竹、梅受到中国人的喜好，除被搬上画作、写入诗词外，还被谱成了曲。如我们熟识的《梅花三弄》，根据《太音补遗》和《蕉庵琴谱》所载，相传原本是晋朝桓伊所作的一首笛曲，后来被改编为古琴曲。琴曲的乐谱最早见于《神奇秘谱》（公元1425年）。

知识拓展

《梅花三弄》的故事

昔桓伊与王子猷闻其名而未识，一日遇诸途，倾盖下车共论。子猷曰："闻君善于笛？"桓伊出笛为梅花三弄之调，后人以琴为三弄焉。

（二）遗世独立的风骨

中国人爱竹、敬竹的背后是一种独特的生活审美和清雅的文化品格。竹子有节、不折、虚心的形态特征，折射出了中国独特的文化。

在中国古代文化传统中，对植物的喜好常常有"比德"的成分在里边，"比德"就是通过物的比拟来呈现君子的德行。文士们以"岁寒三友"为自我人格的投射，取象"岁寒三友"的不惧严寒，来比喻象征自己在恶劣环境中不媚世俗、旷达适意自由的境界。

在一些山水画中，常见到松竹的身影，竹的身上有一种潇洒俊逸的风彩。魏晋时期，嵇康、阮籍等人常聚集于竹林之中，饮酒纵歌，世谓"竹林七贤"。松树也常见于一些归隐诗句，如贾岛《寻隐者不遇》里的"松下问童子，言师采药去"，王维隐居辋川庄时写的《山居秋暝》中的"明月松间照，清泉石上流"，等等。

松、竹、梅潇洒空灵，不向风雪低头，被认为是浊世之中的清高之物，被人们赋予了很多的美好品质和德行，这并不完全是因为它们所具有的独特的自然属性，同时也因为赋予这种意义和品格的古人本身，在他们身上有着与之对应的文化和人格诉求。古代中国人立身处世的观念中，既有强调"入世"的品德和意志，如积极进取、忠勇刚毅，也重视"出世"所保有的清高孤傲、遗世独立、淡泊宁静、超凡脱俗、潇洒自适的情怀和意趣。这种清雅俊逸的文化和人格诉求，恰恰与岁寒三友的某些特性呼应。

代表这种出尘风格的除了岁寒三友外，还有梅兰竹菊四君子。其中菊有傲霜斗雪的精神，兰花则象征着疏远污浊的政治，来保全自己美好品格的品质。

郑思肖即郑所南，是宋朝末年人。旧朝没落，元朝兴起。郑所南发誓不做元朝的官员，自称"孤臣"。《墨兰图》是其亡国后所作（见图7-3），笔下的兰花仍旧兰叶挺拔，却无根无土，意寓宋的土地已被掠夺。显

图7-3 南宋郑所南绘《墨兰图》

然，兰花在他心里已成了爱国气节的寄托。原本的知己赵孟頫，一个很有名的书法家，身为旧朝皇族后裔，竟在宋亡后去做了元朝的官。郑所南内心失望，从此与他断绝了来往。

知识拓展

宋遗民录

所南字忆翁，初名某，宋亡乃改名思肖，即思赵。"忆翁"与"所南"皆寓意也。坐卧不北向，扁其堂曰"本穴世界"，以本之十置下文则大宋也。又著大无工十空经一卷，空字去工而加十，宋也。寓为大宋经。自题其后曰："臣思肖呕三年血方能书此。"画兰不画土，人诘之，则曰："地为番人夺去，汝不知耶？"题郑子书塾曰："此世只除君父外，不曾轻受别人恩。"题画菊云："宁可枝头抱香死，何曾吹堕北风中。"有妹为比邱，号普西。天目本中峰闻公名，偶会于梅应发家，本云："所南何不说法？"曰："两眼对两眼，无法可说？"本曰："博学老子。"公即曰："世

法和尚。"赵子昂数往候之,不得见。疾时属其友唐东屿曰:"思肖死矣,烦公书一位牌曰:'大宋不忠不孝郑思肖。'"语讫而绝。

贵要者求其兰,尤靳不与。庸人孺子颇契其意者,则反与之。邑宰求之不得,知其有田,因胁以赋役取。先生怒曰:"头可断,兰不可画!"

"岁寒三友"及"梅兰竹菊"四君子,凭着它们被人格化的风度、风骨,成为中国文化中一道独特的风景线。

三、牡丹何以名动京城

牡丹是木本植物,不单花朵丰美,同时也有挺拔的枝干。高原牡丹可以长到三米以上,兼具树木与草花的优点。花备七色,集天地之瑞彩;蕊吐馨香,含日月之精华。新枝莹润,老干嶙峋,成叶碧绿,嫩芽绛红,花、叶、枝、干、芽各具美态,皆能赏心悦目。

在群芳竞艳的众多花卉中,牡丹是我国最负盛名的一种花卉。牡丹的兴盛起始于唐朝,而后,其雍容华贵的美丽形象在唐人的诗歌中渐渐被塑造定型,并成为我们中华文化的一部分流传至今。

作为一个文学意象,牡丹被唐宋诗词大量吟咏。唐诗中描写牡丹最出色的诗句当属李正封的《牡丹诗》:"国色朝酣酒,天香夜染衣。"意思是说,牡丹的颜色是天下最美好的,像早晨喝醉了酒的美人的脸一样艳丽。牡丹的香味不凡,只有天上才有,夜里能浸透罗衣。从此,"国色天香"成了牡丹的美誉。

根据史料记载,清朝末年曾宣布以牡丹为国花;1929年前后,国民党政府宣告以梅花为国花。1949年之后,由于种种原因,未能确定国花。党的十一届三中全会以来,要求评选国花的呼声渐起,民间甚至国家机构都评选通过了"牡丹为国花"的建议。但是我国从来没有将任何一种观赏类植物设定为法定国花。不过,广大人民群众心目中,牡丹依然享有相当于"国花"的崇高地位,是众多花卉中的"无冕之王"。

(一)牡丹的观赏之盛

唐代刘禹锡在《赏牡丹》中这样写:"庭前芍药妖无格,池上芙蕖净少情。唯有牡丹真国色,花开时节动京城。"晚唐时期牡丹成为市民的狂欢。在牡丹寥寥几天的花期里，大家蜂拥到有牡丹花的各种园林，去赏花，去踏春。大街小巷，香车美人，市井凡夫，都赶着奔赴共同的牡丹盛宴，大有普天同庆的豪华。

北宋时期，牡丹的栽培与观赏更是趋于极盛，牡丹被赋予相当深厚的政治文化内涵，被尊称为"花王"。北宋理学家周敦颐（1017—1073年）在小品文《爱莲说》中三次提及牡丹，"自李唐来，盛爱牡丹""牡丹，花之富贵者也""牡丹之爱，宜乎众矣"。在周敦颐的评价体系中，牡丹远不及莲花"出淤泥而不染，濯清涟而不妖，中通外直，不蔓不枝，香远益清，亭亭净植，可远观而不可亵玩"的君子品性，这几乎奠定了千百年牡丹审美的基本文化心理。自此，牡丹又有"富贵花"之称。

北宋时期，"洛阳牡丹为天下第一"，牡丹因而被称为"洛阳花"或"洛花"。北宋洛阳种植及赏玩牡丹的盛况，见载于欧阳修（1007—1072年）《洛阳牡丹记》：

> 牡丹出丹州、延州，东出青州，南亦出越州，而出洛阳者，今为天下第一。洛阳所谓丹州花、延州红、青州红者，皆彼土之尤杰者，然来洛阳，才得备众花之一种，列第不出三已下，不能独立与洛花敌。而越之花以远罕识不见齿，然虽越人亦不敢自誉，以与洛阳争高下。是洛阳者，果天下之第一也。洛阳亦有黄芍药、绯桃、瑞莲、千叶李、红郁李之类，皆不减它出者，而洛阳人不甚惜，谓之果子花，曰某花云云。至牡丹则不名，直曰花。其意谓天下真花独牡丹，其名之著不假曰牡丹，而可知也，其爱重之如此。
>
> ……
>
> 洛阳之俗，大抵好花。春时城中无贵贱皆插花，虽负担者亦然。花开时，士庶竞为遨游。往往于古寺废宅有池台处，为市井，张幄帘，笙歌之声相闻。最盛于月陂堤、张家园、棠棣坊、长寿寺东街与郭令宅，至花落乃罢。

从欧阳修的《洛阳牡丹记》可知，至少在北宋前期，洛阳人已极爱牡丹，洛阳牡丹也已经当之无愧为天下第一，洛阳人称其他花为果子花，独称牡丹为"花"，"谓天下真花独牡丹"，其他诸花皆不足称花。

唐宋时期，诗人们也开始对花大色艳、花瓣重叠饱满、富丽堂皇的牡丹尽情歌咏。晚唐诗人皮日休在《牡丹》中写道："落尽残红始吐芳，佳名唤作百花王。"牡丹是暮春时节开放的，是开花比较晚的花卉，有一种百花之后压轴出场的高贵气质和王者气象。除了大文豪欧阳修的专著《洛阳牡丹记》外，还有大量的文学呈现，陆游也曾作《天彭牡丹谱》。牡丹还是国画花卉中经常描绘的题材，历代诗人画家有着无数赞美牡丹的诗句和画作，意义不仅在于牡丹美丽的外表，还在于寄托诗人、画家的美好情感。牡丹也出现在各地的戏剧和民歌俚曲中，如昆曲《牡丹亭》、福建民歌《白牡丹》、江西民歌《牡丹调》、新疆维吾尔族名歌《牡丹汗》、宁夏回族民歌《采牡丹》等，牡丹被天南地北的民众赞颂传唱。

知识拓展

《国色天香图》有什么特点

《国色天香图》是一幅富丽堂皇的工笔重彩花卉图（见图7-4）。图中的牡丹花开娇艳，明丽动人，色彩丰富饱满，姿态优雅，设色极其讲究，勾线细致圆润。而花下奇石则用积墨与淡墨晕染相结合绘出，以石绿、石青略染。兰花以重粉罩染，胭脂点蕊，素雅动人。地面以淡彩渲染，营造出空间的伸缩感。《国色天香图》堪称"中国牡丹第一图"，是中国古代牡丹绘画最杰出的作品。

图7-4　清马逸绘《国色天香图》

（二）牡丹的富贵意涵

牡丹与中国文化密不可分。传说唐朝武则天冬日醉酒，令百花开放，唯牡丹抗旨未发，被贬洛阳，这倒使洛阳牡丹获得了"天下第一"的美称。牡丹不惧淫威、不畏权贵、不为困苦逆境所折服的品性，正与中华民族特殊气节相吻合。

唐代始说牡丹真国色，在于它的高贵气质，而牡丹的高贵在于它的坚守，它高傲而不妥协；同时，唐朝是个尚红的朝代，高级官员、贵族们使用的都是各种红色或者紫色的袍服。牡丹花也正是红红紫紫，给人非常吉祥的寓意，让人觉得富丽和华贵。

牡丹能够名动京城靠的是内涵。世人喜欢牡丹，绝不仅仅爱它的美艳、雍容的风姿花色，更爱它已经被定格的身份和气象。人们视牡丹为"富贵"的象征。"花王""至尊""国色""天香"，牡丹的多种称谓中透露着千百年来世人追求世俗成功的意味。大多咏牡丹的诗词都有相同的文化蕴涵，那就是崇尚富贵祥瑞，热衷美艳昌盛。唐代牡丹诗中所体现的情感追求，一定程度上是唐代文化风气的反映。盛世之间，人们敢于大胆地追求个人功名富贵，崇尚个人尊严，高扬个性自由，其中激荡着昂扬奋发的雄豪之气，也充盈着强烈的荣誉感和渴望建功立业的英雄气概。它体现了一个蒸蒸日上的时代所特有的自信开放的恢宏。在唐代帝王权贵的心中，"百花之王"牡丹是等级和财富的代表，是最高权位的象征。而在广大百姓心中，牡丹则是理想的寄托，代表着荣华富贵，具有强烈的现实功利内涵，体现平民心中单纯而质朴的物质追求。正因牡丹被赋予了这样的内涵，所以直到今天仍然得到人民群众的喜爱。

当代音乐大师乔羽所作的《牡丹之歌》（见图7-5），通俗而准确地描述了牡丹的特质。

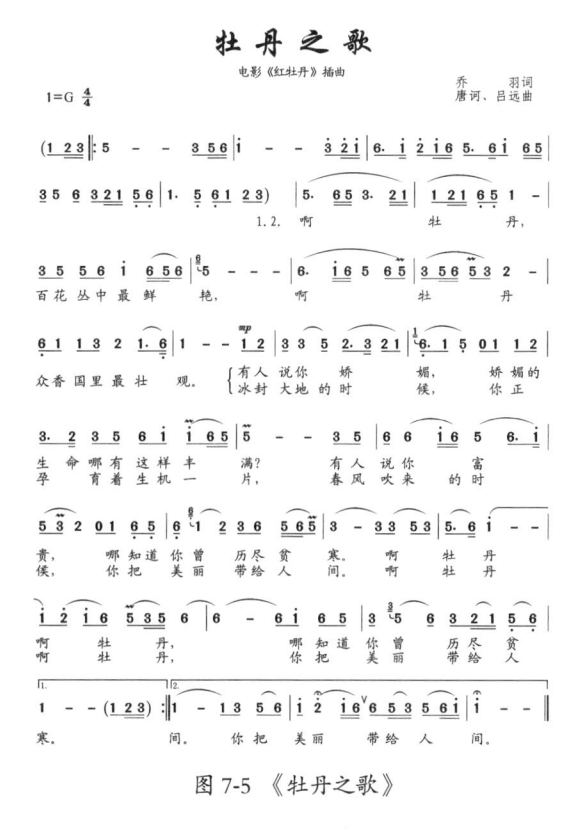

图 7-5 《牡丹之歌》

牡丹形成一种独特的文化现象，那就是雅俗共赏，四海同春。它既植于宫廷御苑，也长于平常人家；既种于高雅的苏州园林，也生在朴素的田间巷陌；既可以孤芳一枝静守私宅，也可以遍植千株渲染公园。它既被王侯将相所欣赏，又被黎民百姓所喜爱。它被描绘在颐和园的雕梁画栋上，也被刺绣在小媳妇手中的鞋垫、肚兜上。它盛开于徐熙、张大千等名家笔下，也绽开在民间艺人的案头。牡丹是帝王之花，也是黎民之花，是宫廷之花，也是乡野之花。正因为牡丹宽厚随和的特性，民间又把它视作吉祥喜庆幸福美满的象征，带有凡尘的美好。

牡丹的雍容华贵，已成为根植于中华民族血脉中的精神财富，也逐渐演化为国泰民安、繁荣昌盛的文化象征！人民大会堂就"偏爱"牡丹。花开富贵也成为中国传统吉祥图案，代表了人们对美满幸福生活、富有和高贵的向往。可见，牡丹意象承载了丰厚的政治文化意蕴。

岁寒三友与国色天香谁更美？它们各美其美。它们所承载的文化内涵不同，它们出现的场合也不一样。总体而言，岁寒三友更适合个体的追求，国色天香则更适合公共场合和喜庆之时。

主讲教师：张银枝

副教授 / 公共基础学院人文艺术教学部主任

金华市直机关优秀共产党员，金华市直教育系统优秀党务工作者

◎ 获浙江省高职院校教师教学能力大赛获公共课程组一等奖。
◎ 任教课程：外国文学、大学语文等。

第八讲

方寸之地透漏出什么气息

一枚印章，有时是权力的象征，有时是诚信的凭证，有时是风雅的代表。方寸之间，线条有疏有密，笔画有开有合，在这疏密开合的错落中隐藏着什么样的玄机？为什么有人评价它"气象万千"？我们又该如何去欣赏一方印章？

中国的篆刻艺术起源于商代。前秦印形态各异，秦印简洁、清晰，两汉及魏晋南北朝印端正庄严，唐宋元印清秀、雅致，明清现代印仿古、创新、百家争鸣。风格各异的印章，连缀成一部独具特色的中国篆刻史，并以一种特殊的方式反映了各时期的政治、经济、文化水平。

一、北京奥运会为什么选择中国印做会徽

（一）北京奥运会会徽

北京奥运会的会徽名为"中国印·舞动的北京"，由两部分组成：上部分是一个近似椭圆形的中国传统印章，印文为一个运动员在向前奔跑、迎接胜利的图案，造型形似北京的"京"字；下部分是用毛笔书写的"Beijing 2008"和奥运五环的标志，表明了奥运会的时间和地点（见图8-1）。

会徽将肖形印、中国字和五环等元素进行有机结合，完美地链接了奥林匹克的精神与中国传统文化的韵味，于尺幅之地凝聚着东

图8-1　2008年北京奥运会会徽

西方气韵，在笔画之间升华着奥运会精神。会徽整体充盈着一种深沉的活力。

（二）为什么选择中国印

中国印（篆刻）是一门历史悠久的传统艺术。如果单从文字释意，"印"字左半部是"爪"字，即指手，右半部是"节"字，就是符节，也就是凭证，合起来就是手持符节，代表诚信。

会徽选择中国印，就是以独具中国特色的古老艺术形式诠释奥林匹克的宪章精神，体现了中国北京向世界做出的承诺，体现了中国人民向世界人民做出的承诺。

二、什么是篆刻

1. 篆刻的概念与起源

篆刻艺术，是书法（主要是篆书）和镌刻（包括凿、铸）结合来制作印章的艺术，是汉字特有的艺术形式。因为时代的不同，篆刻的称呼也会发生一些变化。秦以前，篆刻印章称为"玺"。秦始皇统一六国后，规定"玺"为天子专用，大臣以下和民间私人用印统称"印"。这之后，帝王用印称"玺"或"宝"，官印称"印"，将军用印称"章"，私人用印称"印信"。

关于篆刻的产生，汉代道学家所作的纬书《春秋运斗枢》中记载："黄帝时，黄龙负图，中有玺者，文曰'天王符玺'。"相似的故事在《春秋合诚图》中描绘得更是绘声绘色："尧坐舟中与太尉舜临观，凤凰负图授尧，图以赤玉为匣，长三尺八寸，厚三寸，黄玉检、白玉绳，封两端，其章曰'天赤帝符'。"两则故事都说明了中国印是由神灵创造赋予人类的，这种"有神论"的附会，给中国印章的产生涂上了一层神秘的色彩。

然而，考古出土的实物材料证明，中国印章应当源自新石器时代中期的陶拍子，即印纹陶的印模。

2. 篆刻的历史发展

篆刻在先秦时兴起，迄今已有三千七百多年的历史。在这个漫长的历史进程中，篆刻艺术出现了两个高度发展的历史阶段，即战国秦汉时期与明清时期。战国、秦汉、魏晋六朝时期的篆刻用料主要为玉石、金、牙、角等，它的篆刻艺术特点主要是以时代来划分的。篆刻发展到唐、宋、元时期，则处于衰微的时期。在这一时期，由于楷书的应用取代了篆书，同时官印和私印根本上分家，篆刻艺术走上了下坡路。这种形势到元末出现了转机，画家王冕发现了花乳石可以入印，从而使石料成了治印的理想材料。到了明代，篆刻艺术进入了复兴时期。明清以来，篆刻又迎来了它的第二个发展高峰期，它的篆刻艺术特点主要是流派纷呈。在这一时期，文彭、何震对流派篆刻艺术的开创起了重大的作用。文彭系文征明的儿子，他在一次偶然的机会中发现了"灯光石"冻石可以当作治印材料。经过他的倡导，石材被广泛地应用。在这以后的一段时期内，篆刻艺术流派纷呈，出现了程邃、丁敬、邓石如、黄牧甫、赵之谦、吴让之等篆刻艺术家，一时间篆刻艺术呈现出了一派繁荣的景象，直至近现代篆刻大师吴昌硕、齐白石，从而形成了一部完整的中国篆刻历史。

3. 篆刻的种类

篆刻种类繁多，根据不同的角度，有不同的类型。具体如下：

（1）按印材材质分类，有石章、玉章、角章、铜章等。

（2）按印章形制分类，有单面印、多面印、套印等。

（3）按印章用途分类，有私印、官印（包括急就章）、封泥等。

（4）按内容形式分类，有名章、官印、趣章、收藏印、吉语印、肖形印等。

（5）按形状分类，有方形印、圆形印和随形印。

（6）按篆刻形式分类，有阳文（朱文）印、阴文（白文）印、阴阳印。

（7）按年代分类，有秦印、汉印、宋印（九迭篆官印）等。

三、如何读懂并欣赏一方篆刻作品

要欣赏任何艺术品，甚至欣赏任何物体（包括人），都有两个大的方面：一个是它的气息和格调，另一个是它本身所包含的物质与技术层面的内容。

（一）篆刻的三要素

从物质层面（也可以理解为篆刻的技术层面）考察，篆刻和书法一样具有三个方面的要素。第一个是字法，在篆刻上被称为用篆；第二个叫构图（就是章法）；第三个是刀法。一件好的篆刻作品，一定是三美（刀法美、字法美、章法美）并举的。

1. 字法美

字法，即字的写法，在篆刻上被称为用篆。篆刻时，对文字的篆法进行选择、改造或增省，达到统一协调而富于变化的艺术效果，这就是用篆之法。

字法是篆刻的核心部分。邓石如有"印从书出"的讲法，正是说明了字之于篆刻而言是第一重要的，甚至可以说起决定性作用。因此，用篆方面的修养全在篆刻者书法方面的修养，一个篆刻家成就的高低往往取决于他书法成就的高低。换言之，如果一个人的篆书风格独具，便可以直接把所写的移到石头上，排列好、刻好就能形成自己的篆刻之美。

2. 章法美

字怎么排列就是章法，书法和篆刻的美学追求一样，最终一定要达到和谐。无论是一个字还是几个字，当它们出现在石头上并能给人以美感时，那么它们之间的排列关系一定是和谐的。

有些书法家、篆刻家会把一些字支离开来进行结构的盘转挪移，如果总体上能做到字的结构和排列章法的协调统一，那么也能让人觉得舒服。但是，真正的高手所篆刻出来的高水平作品，一定是单独一个字是稳定的，很多字合在一起也是很协调的。

3. 刀法美

刀法犹如书法的笔法，篆刻的用篆、章法最后都要通过刀法来实现，不熟悉刀法就不能完成精美的篆刻作品。元代以前，中国古代的印章大多都是铸造而成的，其中也有一定量的凿刻作品。这些作品自然无法用刀法去衡量它们的艺术价值。元代以后，文人可以用石头自己刻印，便开始用刀和石头对古印进行还原、模仿，这才有了刀法。而刀法的称呼则是在篆刻流派形成之后才逐渐形成的。

古人刀法有十八式、三十六刀等，其实都是从冲、切两种刀法演变而来的。在欣赏的过程中，好的印章除去作品章法的和谐、用篆有自己的风格之外，刀法就显得十分重要。一个优秀的篆刻家一定有自己用刀的诀窍，异于他人的用刀方法。如果篆刻家的字法章法很合理，但是刀法不突出，那也只能像美术字一样。所以刻"戳"和篆刻的区别，关键在于刀法。但是，初学者不用在刀法上花费过多的心思，只要把篆书写好，章法排列好就可以了，等达到一定深度程度的时候再追求自己的刀法。

除上述三要素之外，材质美也是欣赏篆刻的一个重要层面。对篆刻而言，玉石历来是制作印章的主要材料。中国人对玉有着悠久的使用历史，并且玉被古人视作不可缺少的随身之物，即所谓"君子无故，玉不去身"。印章代表着诚信与身份，玉代表着美德，玉石与印章的联袂似乎就是天作之合。

气韵生动（传统美育）

> **知识拓展**
>
> ### 印章中的考古故事
>
> 印章是考古中的重要物证，被学界誉为"方寸的刻字史书"。在江西南昌的一次考古挖掘中，出土文物两万余件，其中金器三百多件，相当于百万人民币的五铢钱十余吨……当时的专家称，这些发现，其面积之大、保存之好、内涵之丰富，创造了汉代侯国聚落遗址之最，考古价值甚至超过长沙马王堆汉墓。
>
> 拥有如此大量财产的墓主人是谁呢？这一问题难住了很多专家。不管是从历史背景还是现场的殉葬规模来看，都让人浮想联翩，实在难以拿捏。就在大家都束手无策之时，一名工作人员在内棺主人遗骸的腰部位置，偶然发现一枚很小的玉印，印上刻有"刘贺"二字。自此，中国第一代海昏侯——仅仅当了27天皇帝的汉废帝刘贺之墓的神秘面纱被一方小小玉印揭开。

（二）历代玺印特点

1. 周玺印

秦朝以前，不论官印或私印统称为"玺"。玺是中国印章最早的名称。玺有大有小，大的几寸见方，小的只有几分。印质有铜有玉。玺印采用大篆、籀文，布局松而不散，舒展自如，气势雄健挺拔，其中小玺则比较清丽。

图 8-2　战国《日庚都萃车马》玺

古玺章法上的高度艺术成就，以《日庚都萃车马》玺（见图8-2）为杰出的代表。此玺之大，近7厘米见方，为战国古玺之最。印钮中空，作方孔状。柯昌泗《金文分域编》中描述为"四边作铜墙，如方笔筒"。罗福颐《近百年来古玺文字之认识和发展》认为是用作装木柄的，并断此玺为战国烙马玺。《日庚都萃车马》是"密不透风，疏可走马"的典型代表作。玺面六字，分列两行。上部四字倚于两边，让出中间一大块空白。下部两字又作局部夸张，连成一气，使上下疏密形成强烈对比。全印大虚大白，布局恣纵错落，疏密对比强烈，镌刻苍劲古茂、气势雄阔而韵致内含。在大开大合的总布局中，辅以文字形体的敛纵变化、文字间的错落挪移、笔画的穿插嵌合，造成几块大小空白呼应有情，疏处不觉空虚，而密处不致壅塞。同时，文字夸张变形，笔画轻重粗细变化多姿，苍劲深厚，字与字之间相迎相揖，气脉贯注而又次序安闲。全印绝无怒笔张扬而气势雄强朴茂。初观夺人心志，细品又隽永无穷，堪称是空前绝后的佳作。此玺于十九世纪末出土于河北易县，被古文字学家王懿荣发现，用六百两白银购得。可惜于二十世纪初被日本人藤井善助购去，现藏于日本京都有邻馆。

2. 秦汉官印

秦始皇统一中国后，对混乱的六国文字作了改革，制定了统一的字体——小篆。在当时社会，小篆是规范用字，因此也是印章上的规范用字。秦印的形式与以往不同：四周多采用"田"形框，印文平均分配在框内。

汉印从内容到形式都比以前更为丰富。汉印以缪篆体入印。这种字体与汉代隶书的兴起有关系，结体简化，笔画平整方直。汉印中还有以鸟虫书入印的，装饰性很强，是古代的一种美术字体。汉印分铸、凿两种。西汉的印章多为铸造，其中以西汉末年新莽时期的印章制作最为精美。东汉的印章以凿印最有特色，因为东汉末期社会动荡，战乱不已，官员将领经常调动或阵亡，造成封拜频繁，往往印章来不及铸造，就在预先准备好的印坯上临时急就刻凿而成，印文多不加修饰。汉代铸印庄重雄浑，凿印健拔奇肆，这两种截然不同的风格，都给后世的篆刻以很大的影响和启发。

如图8-3所示，此印几乎是笔笔圆弧而不见方折，起收笔浑圆，带有浓厚的书写意味。我们知道，小篆的结构上紧下松、左右对称、以圆为主。如果将小篆不加变化地置入方形印面，就会出现各自为阵、不相往来的情况。变圆为方、以方为主、布画停匀是成熟期的汉印的一个基本思路。而《未央厩丞》印却给出了另一种做法，概括起来就是老实平正、以圆就方、外方内圆。老实平正，指字势端正，布局匀称，章法稳重；方圆的变化则在于字形趋向于方整而笔画呈现弧度，方整在外，圆转在内，这在"央"字上体现得非常明显。后人则在老实平正的基础上再加以上下和左右的穿插避让，从中我们可以窥见后世邓石如"印从书出"的渊薮。

图8-3 《未央厩丞》印

3. 唐宋以来的官私印

唐代印章仍用篆体，但和六朝以前有很大区别。唐代因用印色直接盖在棉纸上，官印一律采用朱文，当时也有人用隶书入印。宋代官印接近唐代。但到金代则用"九叠篆"入印。明代官印也沿用"九叠篆"，尺寸比宋代、元代更大，多数是阔边粗朱文。清代官印半边用汉篆，半边用满文，常设正规官，官印是方形的；临时派遣的官，官印是长方形的，叫作"关防"。

相关链接

古印欣赏

四、篆刻的实用功能

印章最早以实用性存在，被视为一种信物。它是权力、地位、身份的象征，也是古人稳妥的保密手段。

（一）权力的象征

中国王朝历来重视王朝的正统性，而要证明自己是受命于天的真命天子，也不是很难，只要你手中有九鼎或者传国玉玺即可。可是这两件神器如今在哪里呢？

据说秦始皇曾出巡泗水彭城，派人潜水打捞九鼎，结果徒劳无功。后又命李斯用和氏璧铸造玉玺，方圆四寸，上有钮交九龙，刻"受命于天、既寿永昌"八个字。从此以后，能否拥有传国玉玺就成为能否称帝、是否被天下承认的标准。明太祖朱元璋明明已经灭掉元朝了，可是还要深入大漠两千里，继续追歼北元，为的就是拿回传国玉玺，毕竟农民出身的朱元璋比谁都需要那个东西来证实自己的帝王之命。

对官吏而言，他们在接受任命时，都要拜受官印并随身携带。当然，职位不一样，配印也不同。以汉代为例，区分不同官吏身份的印章主要体现在印章的材质、尺寸、钮制、印文用字以及印绶的颜色等方面。如东汉卫宏所辑的《汉官旧仪》中记载："皇帝六玺，皆曰玉螭虎钮，文曰皇帝行玺、皇帝之玺、皇帝信玺、天子行玺、天子之玺、天子信玺，凡六玺。皇后玉玺，文与帝同，皇后之玺，玉螭虎钮。皇太子黄金印，龟钮，印文曰'章'。下至二百石，皆为通官印。诸侯王印，黄金橐驼钮，文曰'玺'，赤地绶。列侯，黄金印，龟钮，文曰'印'。丞相、大将军，黄金印，龟钮，文曰'章'。御史大夫章，匈奴单于，黄金印，橐驼钮，文曰'章'。御史二千石银印，龟钮，文曰'章'。"

隋唐时期是我国用印制度的一个重要节点，它标志着我国古代的用印制度从职官之印到官署之印的过渡。

职官之印所呈现的是职官名，是指以职官名称为印章文字的官印，如某某县令、某某郡守、右丞相印等，可以匹配相关职位的官员，他们可以随身携带，印体也多为2.4厘米×2.4厘米，即所谓的"方寸之印"，也是便于携带的"佩戴之印"，因此，此时的印章多为穿绶带钮印。

知识拓展

苏秦兼佩六国相印

历史上最著名的佩印之人莫过于佩六国相印的苏秦。苏秦早年拜师于纵横家鬼谷子门下，学成后游历秦国，却潦倒而归。在受到家人的冷待后，他刻苦攻读《阴符》，继而游说列国，提出"合纵"六国以抗击强秦的战略思想，并最终组建"合纵联盟"，以一人之身出任韩、赵、魏等六国国相，兼佩六国相印。秦国举国惊惧，十五年不敢出兵函谷关。

官署之印呈现的是官署名，是指以官署衙门名称为印章文字的官印，如某某县印、某某郡印、中书省印等。隋唐之后的官署印必须要存放在官府之中，任职时使用此印，离职后官印留下为接任者继续使用，众官相续沿用。这种印章的使用方式可以说已开今天"公章"制度的先河。

（二）诚信的凭证

印章代表着信用与承诺，是一个人的诚信凭证和身份象征。

1. 封检物品的凭信

古时候没有印泥，书牍、物品在寄送之前先用绳带扎紧，然后在绳结上加压软泥，最后用玺印在泥上压出印文，作为对方验收时的凭信。这种带有印文的泥块干燥后就称为"捡封""封泥"或"泥封"。由于原印是阴文，印在泥上便成了阳文，其边为泥面，所以形成四周不等的宽边。后世的篆刻家从这些封泥的拓片中得到借鉴，用以入印，从而扩大了篆刻艺术取法的范围。

知识拓展

秦始皇的"办公室"——章台宫

秦始皇统一中国后,大建咸阳宫,其中一处名"章台",秦始皇曾在这里"躬操文墨,昼断狱,夜理书"。于是,中央各公卿机关、全国各郡县的奏章便向这里源源汇集。一本奏章就是一捆竹简,作为当时的一种保密措施,上奏官员要将竹简捆好,并糊上泥团,再在泥上钤上自己的玺印,然后放在火上烧烤,促其干硬。奏章被送到章台,值守吏要呈送秦始皇亲自验查,封泥完好,确未被奸人私拆偷阅,才敲掉泥封壳御览。

2. 货物流通和官赋税的凭证

在商业活动、贸易往来中应用印章作为凭信,常见古玺印中"南门之玺""勿征关玺"等,皆为关邑用印。

3. "物勒工名"的工具

手工业者在所制造器物上记名,包括制造的场所、官衙、工人的名字等,以方便管理者检验产品的质量。《唐律疏议》中明文记载,"物勒工名,以考其诚,功有不当,必行其罪"。"物勒工名"制度是中国封建社会早期阶段手工业生产管理模式的具体反映,对提高手工业产品质量有重要意义。

除上述三大功能外,古人还有祈祥厌胜的配印习俗,常佩含有吉祥文字的玺印用以祈祥纳福,如"日利""日利千万"等吉语印。

五、书画印章如何使用

宋、元以后,因注重书画题跋和署款,书画家们逐渐认识到印章的艺术作用并注意在书法作品中予以发挥,使书、印合璧的艺术得以形成。

(一)印章在书画作品中的作用

一方好印,可以活跃气氛,使书画作品增色,起到"锦上添花"的效果。一方好印,还能调整重心,补救布局上的不足,对作品起到稳定平衡的作用。一方好印,还可寄托作者的抱负和情趣:名章,以示郑重;闲章,富有雅趣、寓意。

书法中以全黑布白为主贯穿始末,少许朱红破之,在视觉上填补了孤寡单欢之遗憾。在漫长的书画艺术发展史中，钤印已成为不可缺少的审美特效和必备之章法。如果作品上不最后钤印，似乎有未完之余或重修之故，没有给人一个圆满的交代。因此，历来书画家都非常重视用印，甚至自己刻印，使书、印有机地结合起来，产生更美更强的艺术感染力，如图8-4、图8-5所示。

图 8-4 潘天寿1960年作品《朝霞》　　图 8-5 齐白石1957年作品《荷花蜻蜓图》

（二）印章的使用原则

钤印是很有讲究的，如果在一幅作品上安排好符合画面章法布局和风格特点的印章，就会给书画作品起到画龙点睛之奇效，反之则会破坏整个画面布局的协调性，从而降低书画作品的整体质量。

印章的风格要与绘画、题款统一协调，不能各行其是，格格不入。印章的字体多种多样，可以根据作品的需要来选择合适的字体；印章的大小要与款识的题字大小相当，不宜过大，也不宜过小，过大了有喧宾夺主之感，过小了会让读者感到太隐蔽；印章在画中的位置一般应从画面的变化、布局的需要出发，随题款而应用；在盖印方法上以清晰、明净、厚重、浓艳为佳，切忌含糊不辨，邋遢不清。

六、篆刻流派

（一）文彭与文人流派

文彭是文人流派的开山鼻祖，他的篆刻具有"开朝华而启夕秀"的承上启下的意义。其作品以安逸典雅、沉静清丽为基调，白文刻意追溯汉法，朱文则取宋元遗风而自出新意。文彭篆刻秀丽典雅，风格妍媚清新。他的朱文章法疏朗，在宋、元朱文的基础上加以变化，篆法略呈方，显得质朴浑厚。他的另一种朱文纯用方折结构，可能是受汉印的影响。由于他刻印讲究六书，篆文不涉怪诞，又能向秦、汉玺印汲取营养，因而他的印章在当时确使印坛面目为之一新。冻石便于镌刻，印章的边款也可以由作者自己镌刻。他的边款是先在石面上书写行楷书，再依字迹用双刀刻成。在文彭、何震的倡导和影响下，一时篆刻之风大起，文人、书法家和画家都参加篆刻创作，文彭成为文人篆刻流派的先导。苏州一带学习文彭的有陈万言、李流芳、归昌世、顾听等，后人称他们为吴门派。

（二）邓石如与皖派印风

这方"江流有声，断岸千尺"朱文石质印，是邓石如最有名的代表作品之一，如图8-6所示，具备邓氏风格的典型面目，从该印可以充分感受到邓石如乃至皖派印风的独特魅力。该印顶端有龙饰云纹，刻有三面边款，文字上方以边对齐，下方则根据印面纹理随形刻制，若悬崖壁刻，别具巧思。该印边款采用行草书体刻就（也是邓石如边款特色之一），款文曰："一顽石耳。癸卯菊月客京口，寓楼无事，秋意淑怀，乃命童子置火具，安斯石于洪炉。顷

图8-6 "江流有声，断岸千尺"朱文石质印

之，石出，幻如赤壁之图，恍若见苏髯先生泛于苍茫烟水间。嘻，化工之巧也如斯夫！兰泉居士吾友也，节《赤壁赋》八字篆于石赠之。邓琰又记，图之石壁如此云。"邓石如刻印之余，兴之所致，通过边款记述了刻制由来。这篇文字简短精致又声情并茂、很有味道的佳文，大大增加了该印的人文内涵和艺术魅力，为此印增色不少。

（三）吴昌硕与吴派审美

吴派追求残破美与金石味。残缺刀法是吴昌硕篆刻创作中的一种常用手法。秦汉古印大多因年深日久，水土的浸蚀，自然的风化，印面及文字线条失去了原先的平整和光洁，变得残缺不全。恰恰是这些残缺给人以古朴、含蓄、浑厚、苍拙等特殊的审美效果，这是自然的造化使然。吴昌硕善于巧夺天工，在传统的冲、切刀法的基础上，辅之以敲、击、凿、磨或借用砂石、鞋底、钉头等，极大地丰富了篆刻艺术的表现手法，并创造性地将篆刻艺术中刀石效果产生的金石味，上升到残缺美的审美新境界。

（四）丁敬与浙派篆刻

浙派篆刻，又称"浙江印派"，是中国历史上著名的篆刻流派之一。清代乾隆年间，由丁敬在钱塘（今浙江杭州）开创。"丁敬远承何震，近接程邃，博采众长，不主一家，治印宗秦汉，常参以隶意；讲究刀法，善用切刀表达笔意，方中有圆，苍劲质朴，古拙浑厚，别具面目。""其后有蒋仁、黄易、奚冈、陈豫钟、陈鸿寿、赵之琛、钱松等继之而起。因他们均系杭州人，故又派'西泠八家'。后凡篆刻艺术上宗此风格者均称之为'浙派'。浙派在篆刻史上绵延二百多年，影响深远。"

（五）齐白石与齐氏风格

齐白石在篆刻方面颇有建树，继承前人的同时不落窠臼，形成了自己的风格。齐白石常说："刻印者，须天气浑成，别开蹊径，方不失古代名碑之遗模。"他不仅向许多篆刻前辈求教，还虚心钻研、追摹历代名家印谱，但并不是一味地继承模仿传统，而是能跳出传统，融会贯通，进而创立自成一家的齐氏印风。齐白石刀下所刻出来的线条造型，不加雕饰、一任自然，讲呼应也有所避就，时加併边，配上他惊人的腕力，以强烈对称的法则入印，治成一方豪放朴茂、富有渊懿韵趣的印章，给中国篆刻艺术平添了新的风格。这是齐白石老人紧跟时代，善于从现实生活中寻找创作基础和创作本源，用心观察时代和现实事物的结果，这一点不仅仅在齐白石篆刻艺术上能够体现，而且在他的绘画作品中也有所呈现。追摹者，无法和其一样拥有充实结构的本领，只是学得单薄、乏味而已。

主讲教师：王琼瑶

中国民盟盟员，中国书法家协会会员，浙江省篆刻创作委员会委员，浙江省青年书法家协会理事，浙江省青年书协篆刻创作委员会副秘书长，金华书画院特聘画师

◎ 获得西泠印社首届国际青少年篆刻书画大赛青年组金奖，第二届中国青少年书法美术大赛青年书法三等奖，金华市美术书法大展书法类最高奖"黄宾虹艺术奖"等诸多奖项。

◎ 作品曾入展第五届中国书坛新人作品展（中国书协举办），入展全国第五、六届篆刻艺术展览（中国书协举办），入展"高恒杯"全国书法艺术大展（中国书协举办），入展西泠印社第二届国际篆刻书法作品大赛，入展西泠印社首届国际艺术节中国印大展，入展全国中青年篆刻家作品展等著名展览。

第九讲

国画怎么是"写"出来的

在中国画中，山水画一般称"写景"，花鸟画称"写生"，人物肖像称"写真"。大家在欣赏一些中国画的时候，也会发现很多画家在落款时喜欢用某某写而不是某某画。为什么国画是写出来的呢？国画又是怎么写出来的呢？

中国画是中国美术大观园中的一朵奇葩。中国画特指中华民族历代创作的具有民族特色的绘画，它以（毛笔）线条和水墨为主要表现手法。所用材料古时以绢为主，现代以宣纸为主。按照内容分，有人物画、山水画、花鸟画等；按照技法特点分，有工笔、写意、兼工带写、水墨画、泼墨画等。中国画发展的前期多以写实为主，宋代以后兴起了水墨画，同时和诗、书、篆刻等艺术相结合。

一、如何欣赏落款

中国画的落款是画面的一个部分，把文字用书法形式纳入画面的造型元素中是中国画所特有的。作为一种造型手法，落款按照画面的结构需要来定，依照画面的布局安排适当的落款会增加画面整体与局部的协调性。题款运用文字形式的灵活性增加画面的节奏感，使画面在形象之外增加了直线性或块面性的造型要素。

（一）落款的形式

落款的形式以行列为主，排列成横或竖的形式，落款又以字数的多少分为穷款和长款两种。

气韵生动（传统美育）

穷款，所谓穷款即以简单的文字，甚至以名字加印章即成。地点、时间加名字是穷款最基本的内容。

如明代仇英（字实父）的作品常以"仇英实父制"落款（见图9-1），更简练的如宋人李唐的《万壑松风图》和范宽的《溪山行旅图》的落款都隐藏在山石中或不起眼的地方，目的是为了不伤画局。

长款，长款以多行或多列的形式排列，甚至占据画面大部分位置，可以灵活地以个人的感受、诗文、游记、画论、杂文等作内容。落款在画面当中起到一种辅助作用，文字的大小、字体的形式、笔法的运用都要以画面为中心，落款不能脱离整体的关系来生搬硬套，否则会起到反作用。

图9-1 （明）仇英人物图

落款的字体要跟上笔法的形式美，如果是工整的画法配上草意笔法，落款就会显得轻浮而涣散，与凝聚式的气格不相符。但是如果以拘谨的楷书或隶书落款，则要谨慎其字体的内敛带来的板结的僵化形式。字体的墨色大多以浓墨为主，但也要从画面的需要来考虑用相应的墨色，比如整体的画面是浅色的，用相近的墨色来落款就比较恰切。李可染的作品就是典型的淡墨题款的例子，题款在画面中起到了协调整体的作用（见图9-2）。

图9-2 李可染 童子牧牛图

（二）落款的用印

落款的用印（见图9-3）是画面制作过程中的最后一道工序。印色是画面中唯一用油性的材料制造出来的，覆盖力极强。印色通常以朱砂为主。尽量选用优质的印油，不能用渗油的印油来盖章。

图章的风格和艺术品位尤为重要，好的用印如皇冠上的明珠，使画面生辉增彩。用印须符合画格的气质需求，粗犷的笔法须配合古朴简练的印章，工细的笔法则可以用相对文雅工整一类的印章。如果画面需要强烈的反差效果，不妨用以色彩占多的、以粗犷刀法为主的印章，以强调这

图9-3 落款的用印

106

种效果。反之，则以轻盈的为主，如朱文印一类。

印章有名章和闲章之分。名章可用名字或号等，闲章则不受拘束，用适合自己的画意或闲情之类的都可以，形式也有多种，随个人的意趣而定。如能有新意和特定意义的更好，切忌滥用那些陈腔老调式的印文，这对画意、格调都会有影响。

总的来说，落款是在画之外的整体素养，我们强调诗、书、画、印四位一体的结构才能完整地体现出中国画整体的文化价值。

（三）实例欣赏

下面通过几件作品的题款实例，对款式的结构内容和用法作具体介绍。

1. 只有作者本人签署的"单款"

（1）吴昌硕：《枇杷》（见图9-4）。

题诗：五月天热换葛衣，家家卢桔黄且肥。鸟疑金弹不敢啄，忍饥空向林间飞。

落款：丙辰夏六月客海上云驻随缘室。吴昌硕，时年七十三。

（年）（季）（月）（地方）（画室）（姓名）（年龄）

（2）任伯年：《归田风趣》（见图9-5）。

标题：归田风趣。

落款：光绪癸已秋七月上浣。

（时代）（年）（季）（月）（旬）

山阴任颐伯年甫（"甫"与"字"义同）

（籍贯）（姓名）（字）

图9-4　吴昌硕《枇杷》　　图9-5　任伯年《归田风趣》

2. 写有馈赠对象的名字（上款）和作者本人署名（下款）的"双款"

（1）吴昌硕：《牡丹、水仙》（见图9-6）。

题诗：茅屋春昼永，商略供花，富贵神仙品，居然在一家。

落款：鹤舫先生属画丙午四月安吉吴俊卿。

（客名）（称谓）（款词）（年）（月）（籍贯）（姓字）

录龙友句、供下夺名字（诗源）

（附白）

（2）任伯年：《紫藤鸳鸯》（见图9-7）。

落款：少川仁兄大人雅正。

（客名）（称谓）（款词）

光绪壬辰新秋山阴任颐伯年甫

（时代）（年）季）（籍贯）（姓名）（字）

图9-6 吴昌硕《牡丹、水仙》　　图9-7 任伯年《紫藤鸳鸯》

从以上诸例可以看出，在单款题写中，主要包括作者姓名、作画的时代、年、季、月、旬、日和作画的地址，以至画室名称。在双款题写中，上款包括馈赠对象的名字、对他的称谓和款词的含义。下款包括作者自己的称谓、姓名、字、号、籍贯以及年龄等，还可根据需要加写附白。

同时还可看出所写年月、地址等，很少直接写几年几月和某地今名，而多用干支纪年和古雅的地名，作者署名也多写别号，很少直书本名。这主要是因为国画是艺术品，历代画家在创作中，不但要求画面物象形神兼备、意境清新，经得起咀嚼，而在款题上，用词也要求含蓄内蕴，给人以思考迴旋的余地。尤其文人画的兴起，更是将对文词高雅的追求推向了一个新的阶段。久而久之，这种简练古雅的题款方式也成了国画艺术的民族传统特点之一，迄今相沿不绝。

二、中国画写画的几个手法

中国山水画一般称"写景"；花鸟画称"写生"；人物肖像称"写真"。中国画在用笔上有勾、皴、擦、染、点等表现手法。

勾法，是国画造型的重要手段，主要用来勾画物体形象，作为一种表现方法可独立成"双勾"，勾线工笔画叫"楷勾"，写意画叫"草勾"。

皴法，主要是指表现山石和树皮的立体感，皴时要求"见笔"。皴时根据具体情况，有长线和短线、曲线和直线、虚线和实线等。

擦法，擦和皴一般同时进行，擦用笔根，是为了补充皴的不足。

点法，有点染和点垛的区别。工笔叫点染，写意叫点垛，多用于点苔。由于自然界的物象不同，因此点法也要求多样，有竖点、横点、大点、小点、方点、圆点等。

染法，主要是烘托气氛，可起到统一画面调子的作用，工笔画的染法叫分染，写意画的染法要见笔。在运用勾、皴、擦、染、点表现方法时，要根据不同物象，将不同的浓、淡、干、湿等墨色变化或颜色变化加以运用。

用墨的方法基本有三种：一是积墨，也就是由墨色最浅到最深的多层用墨法，墨色一次比一次深，前一道墨干后，再上第二道墨，上下一道墨时要留出上一道墨的一部分，这样积出来的墨色层次分明，互不相混。二是破墨法，一般是指浓墨破淡墨，或淡墨破浓墨，就是把墨色变化不多的地方，趁湿补充一些浓墨或淡墨，使墨色浓、淡、深、浅变化丰富起来。三是泼墨，是指在一次性用墨中来完成浓、淡、干、湿的墨色变化。

气韵生动（传统美育）

中国古代作画大都用绢，大约在唐代开始生产宣纸，到元代才普遍使用宣纸。宣纸是由安徽宣城最早制造的，其质量最佳，故称宣纸。宣纸种类很多，有单宣、加宣、净皮、绵连和仿古宣纸等。其中用矾加工过的叫熟宣，没有用矾处理过的叫生宣，熟宣宜于画工笔画，生宣适宜画写意画。生宣纸吸水性能强，用水稍多则润。国画的用笔、用墨技法，就是利用宣纸的特点表现出来的。

知识拓展

古代肖像画有哪些名称？

肖像画是人物画的一种。专业肖像画家在唐代已有，服役于宫廷的称"写貌待诏"。古人评肖像画，除要求形似外，更重要的是能得其神情气质，故肖像画又称"传神"。

南朝宋刘义庆《世说新语》卷五载东晋顾恺之画论："四体妍蚩，本无关于妙处，传神写照，正在阿堵中。"南宋陈郁《藏一话腴·论写心》提出了写心论："写照非画物比，盖写形不难，写心惟难。写之人尤其难也。"传神：谓画人物要传达出人物的神情意识。写照：写人的形象。"传神""写照""写真""写像""画像"，皆为中国古代肖像画名称。

三、中国画如何"写神"

顾恺之在中国美学史上最伟大的贡献是提出了传神论。在《论画》一文中，他提出"以形写神"。所谓"以形写神"，顾名思义，那就是通过描写客观对象的"形"，来表现客观对象的"神"，即表现出客观对象的精神气质、神情特点、思想活动、内心世界。

"传神写照，正在阿堵中"，在顾恺之看来，首先应该把人物的眼睛画好。眼睛是人物心灵的窗户。眼睛最能传达一个人的思想感情、内心活动，最能体现一个人的精神状态。

《世说新语》说："顾长康画人，或数年不点目精（'精'乃'睛'之误）。人问其故，顾曰：'四体妍蚩，本无关于妙处，传神写照，正在阿堵中（阿堵：六朝人语，犹言这、这个）。'"他在瓦棺寺画《维摩诘像》时，画了一个多月，一直不点眼睛，后来"工毕，将欲点眸子"，才让寺僧打开寺门，当着前来参观的观众点睛，"及开户，光照一寺"。开户，就是点睛。"及开户，光照一寺"，说明顾恺之的《维摩诘像》在点睛前和点睛后效果有着明显的不同，足见点睛之重要。

《世说新语》记载，顾长康道："画'手挥五弦'易，'目送归鸿'难。""手挥五弦，目送归鸿"是嵇康《送秀才入军》中的两句。《晋书》本传说："恺之每重嵇康四言诗，因为之图。"古人说"画人难画手"，而在顾恺之看来，画眼的难度甚于画手。所以说"画'手挥五弦'易，'目送归鸿'难"，这说明顾恺之是极重视以目传神的。

知识拓展

画家顾恺之

顾恺之，东晋画家，江苏无锡人，兴宁二年（364年）在南京为石棺寺画维摩诘像，因画艺高超引起轰动。东晋义熙元年（405年）升为散骑常侍。顾恺之多才，工诗赋，善书法，时人称为"才绝、画绝、痴绝"，人物画风独特。其人清瘦俊秀，即所谓的"秀骨清像、线条流畅"，画风若"春蚕吐丝"。著有《画论》和《画云台山记》等三本绘画理论著书。他在绘画实践中创立了"以形写神"等传世理论。《洛神赋图》则是顾恺之根据三国曹植的《洛神赋》诗篇名著有感而作。

图 9-8　顾恺之《洛神赋图》

气韵生动（传统美育）

图 9-8　顾恺之《洛神赋图》（续）

　　《洛神赋图》画卷，是顾恺之以魏国杰出诗人曹植的《洛神赋》名篇为蓝本，创作绘就的传世珍品，也为中国十大传世名画之一。现存《洛神赋图》画卷虽为宋代摹本，但它较为完整地保留了顾恺之的若干艺术特点和魏晋六朝时期的画风，被称为最接近原作的画卷，千载之下也可遥窥其笔墨神情。

　　全卷分三部分，曲折细致而又层次分明地描绘着曹植与洛神之间真挚纯洁的爱情故事。画面人物安排疏密得宜，在不同的时空中自然交替、重叠、交换，而在山川景物描绘上，无不展现一种空间美。《洛神赋》以浪漫主义手法，描写曹植与洛水女神之间的爱情故事。

　　画卷开首展现出曹植与他的侍从们在暮色苍茫中站立于洛水之滨，遥望滔滔河水，他所苦恋着的美丽的洛水女神，渐渐地出现在平静的水面。画面远水泛流，洛神神情脉脉似来又去。洛神的身影传达出一种可望而不可即的无限惆怅。

　　曹植在原诗赋中用"凌波微步，罗袜生尘"形容洛神在水上飘忽往来的情景。在顾恺之的画卷中，二人的思念之情也溢于卷面。一边是思念已久的洛神，凌波而来，衣带飘逸，动态委婉从容，目光凝注，流露出关切、迟疑的神情；一边是曹植依然站立岸边，表情凝滞地望着远方水波上的洛神。那梳着高高云髻和被风扬起的衣带，使水波上的洛神犹如来自天界。她欲去还留，顾盼之间流露出倾慕的情怀。整幅画卷中洛神与曹植一再碰面，日久情深。

　　缠绵悱恻的洛神，最终驾着六龙云车，在云端中渐去，留下此情难尽的曹植，在岸终日思念，最后依依不忍地离去。这其中哭笑不能、欲前还止的深情令人心动、感人肺腑。

　　这是画中最为感人的一段描绘。渐渐离去的洛神回过头来，凝神幽思地望着曹植，表情是那么得万般无奈，似带有深重的哀怨和叹息；而曹植则静静地坐在那里，他的侍从也都默默地站着，连同周围的草木也一动不动，曹植似乎无动于衷，然而透过他那平视的眼神，分明表现出一种"相见争如不见，多情何似无情"的落寞心态，周围的"静"烘托出他的孤独和无奈，正所谓"凭君莫语伤心事，尽在含睛不语中"。

顾恺之的理论影响了后世的很多画家。

图 9-9　吴道子《八十七神仙卷》

如图9-9所示，这是一幅以道教故事为题材的白描人物长卷，长292厘米，宽30厘米，绢本水墨。大多数人认为，这是唐代大画家吴道子的作品。

1937年，徐悲鸿应邀去香港大学举办画展，偶然见到此作品，被深深打动，并认定是吴道子的真迹，属于国宝级的作品，于是用重金和自己的七幅作品从一个德国人手里换了回来，激动之余写题跋，认为这幅作品的艺术价值"足可颉颃欧洲最高贵名作"，同时亲手刻了一方"悲鸿生命"的小印盖在上面！然而此画伴随着徐悲鸿的命运起起伏伏，在战乱中被盗，后在好友们多方帮助下失而复得。

《八十七神仙卷》取材于道教，画面以南极天帝君和东华天帝君为中心，描绘了各路神将、仙女、力士等一同朝觐元始天尊的情景。只见神将身披甲胄、手持兵器，分列在队伍的两头，负责开道和压阵，其他众仙有的拿着幡旗迎风招展，有的拿着伞盖肃穆端庄，有的拿着贡品和乐器左顾右盼，含笑微露。整个队伍既威仪端庄，又不失生动活泼，全都是人性化的众神形象。

线条是造型的重要表现手法，通过轻重、曲直、缓急、疏密等变化，表达情感、情绪。《八十七神仙卷》的关键造型手法就是线条。婀娜多姿的仙女，衣纹飘逸洒脱，宽袍阔袖中似乎有清风掠过，微微鼓起，给人以强烈的空间感；神将、力士，每一根须发都坚挺张开，细密有序的甲胄线条着重体现出神将和力士的力量美。通篇完全应和了南朝齐谢赫《古画品录》中提出的"气韵生动、骨法用笔"这一艺术作品的标准和重要美学原则。《八十七神仙卷》的线条就像一首大型交响乐的五线谱一样，交错重叠，动静结合，疏密中呈现不同的声部和基调，长短中展现音律的强弱与快慢，粗细中体现章节的稳重与灵动，整幅作品给人以"天衣飞扬、满壁风动"之感，具有吴道子独具的线条魅力——"吴带当风"。

四、中国画如何写生

什么是写生？"生"字是什么意思？为什么用"写"字？

《说文解字》中说："生，进也。象草木生出土上。"甲骨文的字形像地面上刚长出来的一株幼苗，其本义即指植物的生长、长出。《广雅》中记载："生，出也。"《广韵》说："生，生长也。"生，是一种生命力。

山水画写生建立在现实的生活感受之上，以自然造化的"本真"为基本出发点。因此写生作品基本上以记录性的叙事为主，除非一些带有明确意向构思的作品可以按着带有主观构想的画意去取题意。

如图9-10所示，《写生珍禽图》是五代黄筌创作的一幅中国古画。

图 9-10　五代·黄筌《写生珍禽图》

画家用细密的线条和浓丽的色彩描绘了大自然中的众多生灵，在尺幅不大的绢素上画了昆虫、鸟雀及龟类共24只，均以细劲的线条画出轮廓，然后赋以色彩。这些动物造型准确、严谨，特征鲜明。鸟雀或静立，或展翅，或滑翔，动作各异，生动活泼；昆虫有大有小，小的虽仅似豆粒，却刻画得十分精细，须爪毕现，双翅呈透明状，鲜活如生；两只乌龟是以侧上方俯视的角度进行描绘的，前后的透视关系准确精到，显示了作者娴熟的造型能力和精湛的笔墨技巧，令人赞叹不已。

画幅的左下角有一行小字："付子居宝习。"由此可知，这幅《写生珍禽图》只是作者为创作而收集的素材，是交给其子黄居宝临摹练习用的一幅稿本。仅从这幅稿本上即可了解黄筌的作品之精妙，可以想象到黄氏其他作品的巨大魅力。正由于黄筌长期不懈地细致观察，坚持写生，经过不断地磨练，才能获得如此成功，并成为一个画派的开创者。

如图9-11所示，《写生蛱蝶图》是宋代赵昌的写生画。以墨笔勾秋花虫草，形象准确自然，风格清秀，设色淡雅。《写生蛱蝶图》是一幅描写秋天野外风物的写生画。在构图布局上，画家有意在画面上方留下很大的空白，景物多集中在画面的下部，将野菊、霜叶、荆棘和偃伏的芦苇等，布置得错落有致。晴空中，三只美丽的彩蝶正在翩翩飞舞，一只蚱蜢正在向上观望。整幅画把秋日原野的高旷清新、风物宜人的景色，描绘得十分动人。

图 9-11　宋·赵昌《写生蛱蝶图》

作品用笔遒劲，逼真传神，设色清丽典雅，清劲秀逸。花卉用笔简率，变化自然，双钩、晕染绘写近处花卉的阴阳向背。蚱蜢和蝴蝶用笔十分精确，微染出不同质感。画面有一种纯净、平和、秀雅的意境和格调。

在这幅图上有元代书家冯子振题咏的诗句："蚱蜢青青舴艋扶，草间消息未能无。尺绡何限春风意，约略滕王蛱蝶图。"

五、国画是怎么"写意"的

写意画主要以墨为主，以色为辅。写意画在用色上也是写意，不是写实。作者从主题思想出发，在用色上可以对物象大胆夸张，如画朱红竹子、朱红荷叶等。在一幅写意画中，有时只用干、湿、浓、淡的不同墨色，即可表现不同色彩与质感。如水墨山水、水墨人物、墨竹、墨菊、墨荷、墨兰等，虽然没有用色，但同样会给

国画如何写意

气韵生动（传统美育）

图 9-12 齐白石《牵牛花》

人以浑厚、淡雅、大方的视觉效果。

写意画是在生宣纸上作画，常常是一次点染而成，不容修改，因此作画时一般都采用蘸色法，一笔落纸即可出现两笔以上的不同颜色。如画没骨红梅，笔蘸清水，可在笔上先蘸朱砂，然后在笔尖上蘸少许胭脂或曙红，不在调色盘中调合，直接落纸，在梅花上即可出现两种红色，当然，根据需要有时也用调色法。调色是指毛笔蘸清水后再蘸色，然后在调色盘上调一调，如果需要颜色的深浅变化可少调，如果不需要颜色的深浅变化可多调。写意画中有色墨相间以墨为主的用色方法，齐白石画的《牵牛花》采用的就是这种画法，叶、蔓、蒂都用不同墨色表现，只有花和花蕾用颜色表现，如图9-12所示。

写意画是融诗、书、画、印为一体的艺术形式，是影响最大、流传最广的画法。

写意画主张神似。董其昌有论："画山水唯写意水墨最妙。何也？形质毕肖，则无气韵；彩色异具，则无笔法。"明代徐渭题画诗也谈到："不求形似求生韵，根据皆吾五指裁。"

写意画用意第一。当代书画家南山乐山认为："李太白有诗云：雁引愁心去，山衔好月来。意境极妙。一个引去加上一个衔来，用意极其饱满。画面张力足矣。是故，因无万里之心，故无万里之画。是为用意。夫写意者，无意而写何为？故用意第一。故曰笔不到意到。笔断意连，意断神连。尝闻米南宫用笔八面出锋；八极拳曰，拳打八方极远之地。其理一也。故此，其绘画的内涵更注重文以载道、遗形写神，其形式上更讲究个性的笔情墨趣、诗书画印的配合。"

知识拓展

画家倪瓒

倪瓒（1301—1374年），"元四家"之一，字元镇，号云林，别号甚多。家殷富，性情狷介，有洁癖，清高绝俗，后卖田而浪迹江湖。他修养极好，诗文精雅，书法隽美，世称"诗书画三绝"。他在画论上提出"逸笔草草，不求形似"和"聊以自娱""聊写胸中逸气"，受到明清两代文人画家的大力推崇，对文人画的艺术实质产生深刻影响。

　　《六君子图》是倪瓒成熟期的代表作。画坡石上的六棵细瘦的树木，据李日华云为松、柏、樟、楠、槐、榆，各有象征意义。黄公望题诗中指："居然相对六君子，正直特立无偏颇。"画面衬以浅坡疏林，阔水远山，体现出倪瓒画风中清寂萧疏之气。以枯笔绘制的六棵疏木，表现了倪瓒追求的人格理想——孤傲、纯洁、正直。旷阔的水域画法，可见他受黄公望"阔远"法的影响。

　　如图9-13所示，一种孤寂清冷的气氛笼罩画面。隔着一片浩渺、空阔的涨满的秋水，荒滩秃岭遥遥相对；近处土坡上挺立六株树木，宛如六位清心寡欲的高士，临风而立，仪态悠闲。倪瓒以此自寓其高洁淡泊的心怀。

　　这幅《六君子图》是典型的倪瓒式的作品。他通常喜在近处画平缓坡石、竹树数株，相互掩映；远处天边秃笔横扫，为野岭荒岑、烟汀雾渚而已，其间既无人迹，也无鸟影，意境荒率肃穆。他的画法是从太湖边的景物中悟出来的，每画坡石，便卧笔横拖，间或竖皴，转处方折，人称"折带皴"，此为其所创。画面上落笔不多，但行笔时锋毫的方向多变，故简中寓繁，似嫩实苍，柔里含骨，意味无穷，达到了"笔简神完"的高超境界。他的作品都是水墨山水，并以淡墨为主，色调灰暗，但其间加上秀劲的浓墨横点，显出精神，风格十分独异，可谓独来独往。

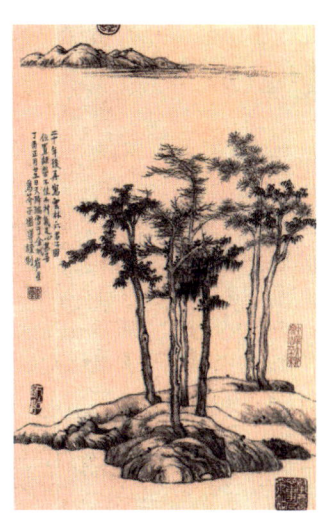

图 9-13　倪瓒《六君子图》

知识拓展

诗人徐渭

　　徐渭（1521—1593年），字文清，改字文长，号天池，晚号青藤，浙江山阴（今浙江绍兴）人，明代著名文学家、书画家。知兵好奇计，入胡宗宪幕，擒徐海，诱王直，皆预其谋。胡宗宪下狱，徐渭惧祸发狂，自戕不死。又以杀死继妻，下狱论死，被囚七年，得张元卞救免。晚年贫甚，有书数千卷，斥卖几尽。自称南腔北调人，以终其生，有《徐文长集》。

气韵生动（传统美育）

《题墨葡萄图》为七言绝句，押东韵，韵脚为"翁""风""中"（见图9-14）。这是一首题画诗。作者借题所画葡萄，表达出对人生遭遇的感慨。前两句"半生落魄已成翁，独立书斋啸晚风"，从自身现状写起，潦倒半生，渐成衰翁，只能伫立在书斋中呼啸感慨。这两句可谓是其半生坎坷的简明写照。徐渭少负"神童"之誉，后来却久试不第。徐渭热心政治，担任东南军务总督胡宗宪的幕府，却因胡宗宪的失败被捕而受到牵连。徐渭又因精神病发自杀未遂，并杀死继室，被捕入狱六七年。

第三、四句"笔底明珠无处卖，闲抛闲掷野藤中"，表达出作者怀才不遇的愤懑，自身才情无人可识，只能寄托于纸上画中。值得注意的是，第三、四两句作者的愤懑和牢骚是有一股孤傲之气的，正如骆玉明先生（《元明清诗鉴赏辞典》）所说："这里丝毫没有可怜巴巴期待'恩遇'的情态，只有对那个荒唐的社会的傲视与嘲弄。"

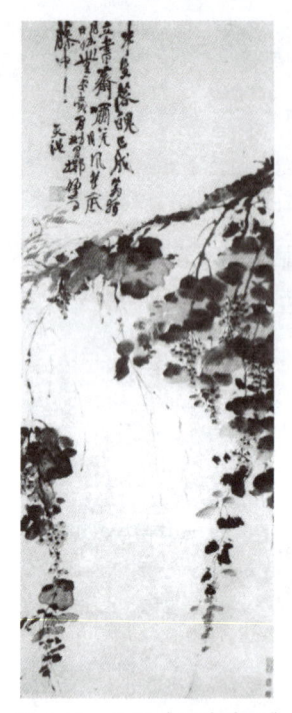

图9-14　徐渭《墨葡萄图》

这首诗传达出强烈的情感，诗与画融为一体，颇有托物言志的意味，为画作增添了不少韵味。

"江山如此多娇，引无数英雄竞折腰。惜秦皇汉武，略输文采，唐宗宋祖，稍逊风骚……"

这首词在某一天，以山水画的形式被表现了出来，且被挂在了人民大会堂宴会厅所有贵宾的必经之处（见图9-15）。创作这一作品的是中国著名山水画家傅抱石（1904—1965年）和关山月（1912—2000年）。

1959年7月，他们以毛泽东《沁园春·雪》中"江山如此多娇"的词意，历时四个月，为新落成的人民大会堂合作巨幅国画以向国庆十周年献礼。

《江山如此多娇》展现的是云开雪霁、旭日东升时，茫茫神州大地"红装素裹，分外妖娆"的景象。细看近处，是葱茏的草木，一片江南春色；而远处，冰山雪岭，北国风光无限。绵延不尽的崇山峻岭，茫茫无垠的肥沃原野，奔腾的长江、黄河，蜿蜒的万里长城，以及世界屋脊上的巍峨雪山相聚于画

图9-15　傅抱石、关山月《江山如此多娇》

卷之中。它突破了时空的限制，跨越了春与冬，使江南春色与北国隆冬同时在画面上出现，这样的表现方法在中国画历史上是一次大胆的创新。

作为一幅诗意画，画家所描绘的景物都被赋予了某种象征意义，如巍峨的群峰、苍劲的青松，以表现新中国的稳定与安宁、生机和希望；画面右上方的红日是当时中国社会的共同期盼；而同一画面出现的四季山水，则体现了生命生生不息的轮回，同时也表明新中国强大的包容力。画作形式与内容和谐地统一在一起，充分表现了中华民族的豪迈气魄和新时代的伟大精神。这就是诗意画的艺术效果和艺术魅力所在，是中国画艺术上的成功所在。

《江山如此多娇》成功地以传统中国画的形式，通过对中华大地宽广辽阔的地域形象的描绘，表达了新中国作为一个泱泱大国的现代风貌，也被誉为1958年以后实践毛泽东"革命现实主义和革命浪漫主义相结合"的最为知名的中国画作品。

主讲教师：来晶

讲师

校十佳教师，学生最喜爱的教师

◎ 指导学生获浙江省师范生职业技能竞赛二等奖 1 项，三等奖若干，获长三角师范生职业技能竞赛全能奖 2 项，二等奖 1 项，三等奖若干。

◎ 任教课程：幼儿教师美术技能、儿童画及插图等。

第十讲

林黛玉为什么不露脸

《红楼梦》的影视作品有很多，但大家在欣赏的时候，会发现不同导演塑造的黛玉形象差别很大，那个被评为"最美林黛玉"的演员也许压根儿不能代表你心中所设想的林黛玉，为什么会这样呢？如果让你去具体描绘一下你心目中林黛玉的样子，你又会怎么形容呢？

在《红楼梦》中，谁长得最美？估计很多人在读完作品之后都会选择林黛玉。但如若让我们根据作品去描绘一下林黛玉到底美在哪里，比如她的五官长得怎么样，戴着什么样的首饰，穿着什么款式、什么色调的衣服，我们却无从谈起，也没有一致的标准。这是因为作者曹雪芹在刻画林黛玉的外貌时采用了留白手法，使得不同的人在阅读同一部《红楼梦》时，在欣赏相同的描写林黛玉的文字时，各自脑海中所浮现的却可能是完全不一样的黛玉形象。

一、什么是留白

留白是中国传统艺术的独到技巧。它的概念可以从狭义和广义两个角度去理解。

从狭义的角度看，"留白"就是"布白"，指画家构想图画时，为使作品画面更加协调，在既定的画面中有意留出一部分空白，不加任何笔墨。

从广义的角度看，"留白"这一技巧已经从绘画领域延伸到其他艺术领域，被其他艺术门类借鉴使用。书法作品中的"疏密有致"之"疏"，篆刻作品中的"宽可走马"之"宽"，文学作品中的"不着一字"，园林设计中的"漏窗月洞门"（见图10-1、图10-2），音乐作品中的"无声胜有声"，等等，皆可视之为留白。

气韵生动（传统美育）

图 10-1　沧浪亭贝叶形漏窗　　　　图 10-2　苏州园林月洞门

有人也许会问："留白就是空白吗？"当然，留白不完全等同于空白。空白只是留白在形式上的呈现，是欣赏者直接能够通过视觉或听觉感受到的空缺与省略，而留白则包含了艺术家们如何去留下空白的美学思考，譬如画面空间上的白，绝不是简单的纸上之白，而是可以随着画面景物的不同化身为云、雾、水、天，以衬托或凸显所绘之景，进而营造景外之境。

因此，留白更多时候是艺术家们追求象外之意、象外之境的审美表达，是中国传统美学精神的体现。

二、留白在艺术作品中有哪些表现

留白的形式多种多样，有形象描绘中的留白，有叙述、抒情上的留白，也有更抽象的哲学上的留白，等等。在不同的艺术类型中，留白的运用可谓各有精彩。

（一）留白在绘画作品中的呈现

留白，最早就是一种绘画艺术。

1. 留白，让画面留有余地

很多人在欣赏中国画的时候，已然发现很多中国画都会留下一定程度的空白。

为什么要留下空白呢？将画纸填满不好吗？

孔子说过"绘事后素"，素是洁白的意思。朱熹认为："绘事，绘画之事也；后素，后于素也。"这一解释说明了白色的素地对于绘画创作具有重要的作用，如果没有白色的素地，也就无所谓优美的绘画作品。而"留白"这一技法就非常好地突显出了白色的素地在中国绘画中的重要性。

表面上看来，留白是画面笔墨间不同大小、不同形状的隔断，然而怎么隔断并非是随意的，需要艺术家对留白技艺有充分的认知，且善于从画面整体和全局出发，捕捉创作灵感，进行独具匠心的构思与布局。因此，"留白"实际上是中国画的构图——"置陈布势"中的一个重要组成部分。

艺术家恰当使用留白，不仅可以以虚衬实，使画面在虚无中体现丰富的内容，还可以充分顾及观赏者的审美感受，给观赏者留下足够的想象与情感共鸣的空间。

2. 留白，描绘写意之境

笔墨有限，表达无限，艺术家往往试图借助留白这一艺术表现形式将自己个人的思想和情感进行充分的表达，由此，极大地增强了画作的创造性与表现力，形成了"有画处多属赘疣，无画处皆成妙境"的写意之美。

比如受唐代柳宗元"孤舟蓑笠翁，独钓寒江雪"的影响，南宋马远绘制了一幅《寒江独钓图》（见图10-3）。

图 10-3　宋·马远《寒江独钓图》

这幅画的篇幅很小，比4开的报纸还小。画中有一叶扁舟，舟上坐着一位独钓的老翁，老翁坐在船的一头，所以船的另一边微微上扬，老翁仔细地盯着鱼竿，好像一不留神鱼儿就会溜走似的。船旁仅用淡墨勾绘出寥寥几笔水波，其余位置则全是空白，恰好与船只形成鲜明的对照——一点一面，一小一大。然而，这一大片白却并不显得空，反而像浩瀚无尽的江水，连接着苍茫辽阔的天空，营造出凄凉淡漠的意境，给人以寒气逼人的感觉，正好诠释了题目"寒江独钓"之"寒"的意蕴。

留白不仅能以"白"写意，创造出虚中有实的艺术效果，而且也常有助于画面层次

气韵生动（传统美育）

性的呈现与表达。

有时候，画面中需要表现的内容比较丰富，如果都用一样的笔墨去描绘，画面就会显得拥挤，且重点不突出。那可以怎么去表现所绘内容的详略主次呢？

宋代郭熙有一幅《早春图》（见图10-4），以全景的视角，描绘了北方高山大壑的早春气象。作者不仅借助留白手法让人感受到了湖水、清泉与天空，还在留白的铺设中巧妙地表现出了山峦的远近、高低，以及树林的疏密，既有整体的气势，又有局部之间的层次错落，效果极佳。

图10-4　宋·郭熙《早春图》　　　　图10-5　陆俨少《云山独钓》

在现代画家陆俨少的山水画中，留白的设置更是精巧，除了起到层次性的表达之外，他更是注意挖掘了留白与画面事物、留白与留白之间的各种联系。比如在其《云山独钓》（见图10-5）中，条状的留白，曲曲折折，富有变化，又尽显自然，生动地展现出云在山间萦绕盘桓的样子。画面既有虚实相间的层次感，又有气脉贯通、浑然天成的气势美。他自己就曾说过：在画面中表现云时，不能是独立的个体，而是要经过构思处理，在云与云之间建立起似有若无的关联性，遥相呼应，再注意好虚实的体现，这样才能够使画中的云跃然纸上，有灵动之感。

> **知识拓展**
>
> **现代画家陆俨少**
>
> 陆俨少,被誉为"当代中国画坛卓然翘首的文人画家"。他的技法超然,作画中间不换笔;无论多大尺幅的画作,不起草稿,提笔就来;游历山水时,也不苦做速写记录,"只用眼睛看……要得山川神气,并记在胸"。

"留有余地,便生气韵",可见,绘画艺术家巧妙、恰当地运用留白技巧,可以更好地突出形象,描绘层次详略,摹写彼此关系,给观赏者以超越画面的想象和无法言说的意境,从而达到意到笔不到的绝佳效果。

(二)留白在文学作品中的呈现

文学作品当中的留白,可以从三个层面来考察,分别是人物形象的刻画层面、故事情节的演绎层面和情感情绪的表达层面。

1. 留白与人物形象的刻画

在阅读各类文学作品时,大家会发现不少运用留白手法塑造人物形象的经典案例,《红楼梦》中的林黛玉是,汉乐府《陌上桑》中的秦罗敷也是。

陌上桑

汉乐府

　　日出东南隅,照我秦氏楼。秦氏有好女,自名为罗敷。罗敷喜蚕桑,采桑城南隅。青丝为笼系,桂枝为笼钩。头上倭堕髻,耳中明月珠。缃绮为下裙,紫绮为上襦。行者见罗敷,下担捋髭须。少年见罗敷,脱帽著帩头。耕者忘其犁,锄者忘其锄。来归相怨怒,但坐观罗敷。

这一段描写先是以罗敷所用工具的讲究、耳饰发型的俏丽、服饰颜色的鲜艳来映衬罗敷的美,并进而通过别人对罗敷美貌的倾慕再次凸显罗敷形象之美。然而罗敷本身到底长得如何,作品中并没有明确的刻画,而是直接进行了留白。但在作者所烘托的情境中,即便是不同时空背景中的读者,都已经用自己大胆、自由的想象对罗敷的美貌进行了补白。试想,这个时候,如果作者还要如《诗经·卫风·硕人》一般,用"手如柔荑,肤如凝脂,领如蝤蛴,齿如瓠犀,螓首蛾眉,巧笑倩兮,美目盼兮"这样的句子详细地

气韵生动（传统美育）

描写女子的容貌特征，就会显得多余、累赘，罗敷的美貌也会因此大打折扣。

再看另外一首作品，唐代崔护的《题都城南庄》：

> 去年今日此门中，人面桃花相映红。
> 人面不知何处去，桃花依旧笑春风。

相较于《陌上桑》，作者崔护对这位少女的文字刻画更少，留下的空白也就更多。这固然可以理解为七绝体式的限制，但令人惊喜的是，即使在这样的空白中，诗中少女的美也已跃然纸上，因此不必再添文字赘述。作者是如何做到的呢？"春风""桃花""笑"，作者勾勒了女孩出场的情境，也委婉地表达了自己的思念与遗憾，纵使读者见不到女孩具体的长相，但一张可以和春日桃花相互映衬的笑脸，怎么会是不美的呢？

知识拓展

《题都城南庄》的背景故事

关于这首诗歌，孟棨《本事诗·情感》中有一段记载："博陵崔护，资质甚美，而孤洁寡合。举进士下第。清明日，独游都城南，得居人庄。一亩之宫，而花木丛萃，寂若无人。扣门久之，有女子自门隙窥之，问曰：'谁耶？'以姓字对，曰：'寻春独行，酒渴求饮。'女入，以杯水至，开门设床命坐，独倚小桃斜柯伫立，而意属殊厚，妖姿媚态，绰有余妍。崔以言挑之，不对，目注者久之。崔辞去，送至门，如不胜情而入。崔亦睠盼而归，尔后绝不复至。及来岁清明日，忽思之，情不可抑，径往寻之。门墙如故，而已锁扃之。"显然，这位让诗人念念不忘的女子长得很美。

当然，留白手法用得好，不仅能刻画一个人的外貌特点，还能助于体现人物的性格特征。《三国演义》将曹操塑造成了奸雄的代表，对其脸部的描写只用了四个字"细眼长髯"，至于其他五官，全用留白处理。当艺术家们将这样一个形象从文字搬上舞台之后，更是给他设定了一张白色的脸谱，略去了面部表情的细致刻画。这样一张白脸，说明不以真面目示人，更容易表现曹操深藏不露、凶狠奸诈的性格特征。

2. 留白与故事情节的演绎

一般而言，读者在欣赏故事情节的时候，希望欣赏到的是前后连接的完整情节。但是一些高明的作家会对情节进行一些巧妙的留白处理，让读者产生意想不到的阅读体验。

比如，纪晓岚《阅微草堂笔记》中的一则记载：

> 交河苏斗南，雍正癸丑会试归，至白沟河，与一友遇于酒肆中。友方罢官，饮醉后，牢骚抑郁，恨善恶之无报。适一人褦裤急装，系马于树，亦就对坐。侧听良久，揖其友而言曰："君疑因果有爽耶？夫好色者必病，嗜博者必败，势也；劫财者必诛，杀人者必抵，理也。同好色而禀有强弱，同嗜博而技有工拙，则势不能齐；同劫财而有首有从，同杀人而有误有故，则理宜别论。此中之消息微矣。其间功过互偿，或以无报为报；罪福未尽，或有报而不即报，毫厘比较，益微乎微矣。君执目前所见，而疑天道之难明，不亦颠乎？且君亦何可怨天道，君命本当以流外出身，官至七品，以君机械多端，伺察多术，工于趋避，而深于挤排，遂削官为八品；迁八品之时，自谓以心计巧密，由九品而升，不知正以心计巧密，由七品而降也。"因附耳密语，语讫大声曰："君忘之乎？"友骇汗浃背，问何以能知，微笑曰："岂独我知，三界孰不知。"掉头上马，惟见黄尘滚滚然，斯须灭迹。

故事讲的是交河苏斗南会试结束之后经过白沟河，在一个酒店里碰到了他的一个老朋友。这个老朋友刚刚被罢官，心中自然极为苦闷，于是，喝醉了酒，满嘴牢骚，说什么行善作恶都得不到应有的报应。就在这时，来了一个骑马的人，他把马往门外一拴，进来坐在了他们身边，发表了一番善恶有报应、因果有循环的言论之后，就靠近苏斗南的朋友，"因附耳密语"，并大声问了一句："你忘记了吗？"吓得苏斗南的朋友"骇汗浃背"，再追问时，这个人就上马离开了。

在这个故事中，作者退出了全知视角，和读者一样，或者也可说和酒店当中的其他人一样，都不知道那个骑马的人从哪里来，到哪里去；他是怎么知道苏斗南朋友的往事的；他又在苏斗南朋友的耳边说了什么。所有这些疑惑，作者都进行了留白，读者只能在自己阅读经验的基础上，对故事的前因后果进行一些猜测和补充。

这样的例子还有很多，比如在《三国演义》中，刘备三顾茅庐，前两次都没有见到诸葛亮，失望而返。那诸葛亮在干什么？作者没有说明。这里就是采用留白加渲染的手法，吊足了读者的胃口，对诸葛亮形象的刻画也达到了"不写之写"的艺术效果。

3. 留白与情感情绪的表达

文学作品中，写好情感的方式其实是多种多样的，即使是书写同一种情感，不同的人写出来的精彩也是不一样的。比如同是面对离别送行，李白会说"桃花潭水深千尺，不及汪伦送我情"，用夸张和比喻写出朋友对自己的真挚深情；柳永会说"执手相看泪眼，竟无语凝噎"，用"无语凝噎"写尽了情人依依不舍时的伤感。而留白手法在抒情达意中的运用，常常会使情感的表达显得更加委婉多致。

比如杜甫的《月夜》：

月夜

今夜鄜州月，闺中只独看。
遥怜小儿女，未解忆长安。
香雾云鬟湿，清辉玉臂寒。
何时倚虚幌，双照泪痕干。

《月夜》写于天宝十五载，也就是公元756年，彼时安史之乱爆发，杜甫把自己的妻小安排在了鄜州羌村，他自己只身一个人去找当时在灵武登基的唐肃宗，不料半路上被叛军所俘，押回到了长安。此时此刻，对妻子、孩子的思念与担忧应该充斥在作者的心中，然化而为诗，作者又是如何描写的呢？

"今夜鄜州月，闺中只独看"，今夜里鄜州上空那轮圆月，只有妻子在闺房中独自遥看。

"遥怜小儿女，未解忆长安"，孩子们固然陪在妻子的身边，可是他们哪里能够了解妻子思念长安的这片苦心呢？

"香雾云鬟湿，清辉玉臂寒"，妻子因为思念久久不能入眠。

"何时倚虚幌，双照泪痕干"，想象希望未来能够一起欣赏月亮。

整首诗歌作者完全从妻子的角度进行描写，详细地写出了特殊背景下的妻子深深思念丈夫的心理状态。然而，自己对妻子的思念，却在文字上进行了留白。而千百年来，读者正是在这文字留白的背后充分感受到了作者思念之真、之切。因为作品中所有关于妻子的描写实际上都来自于作者自己的想象，这些想象都源自这个特殊时刻作者对妻小的担心。因此，尽管作者对自己的思妻念儿之情不写一字，但读者们却完全可以在妻子思念自己的描绘当中，体会出面对同一轮明月时，久久难以成眠的作者对妻儿那份感情的深沉、强烈。

（三）留白在音乐作品中的呈现

庄子《天地》所言之"无声之中，独闻和焉"，陆机《连珠》所言之"繁会之音，生于绝弦",白居易《琵琶行》所言之"此时无声胜有声"等,都是对中国传统音乐追求"弦外之音"之审美特点的表述。

留白在古典音乐中的的表现,可以从不同的层面去考量。

首先,"留白"可以是音响的沉默。如古琴曲《流水》(琴谱片段见图10-6)与《乌夜啼》(琴谱片段见图10-7),前者有隐伏声部、固定音型衬托,并间有同度、四度和音及三音和弦点描,分布相对稠密,可谓实多虚少。这使之带有写实的笔调,描绘出生动的场景和激越的情感。后者则仅用了八度和音及长音衬托,分布稀疏,可谓虚多实少。它更能催生人们的遐思,在宁静中感悟生命的含义。

图 10-6 《流水》琴谱片段 　　图 10-7 《乌夜啼》琴谱片段

其次,留白给了表演者更多的自由诠释音乐意境的空间。

在琴曲演奏中,"留白"的部分大都会用吟、揉、推、拉等技法作以润饰,手指力道的微小差异都会产生不一样的"空"的听觉体验。例如在《阳关三叠》演奏中,四段中每一段结尾处都有相同的旋律重复,每一小节的长音仿佛都是曲中诗人面对与友人分离时长长的叹息,长音的空白若是用"撞"的技法则产生一波三折的短促的音响,是一

气韵生动（传统美育）

相关链接

古琴曲《阳关三叠》（节选）

种不舍之情较为强烈的表达；若是用"吟"的技法则更加细腻；若是用"揉"的技法则可以体现出诗人欲扬还抑的内心情感；曲终则没有任何技法润饰，曲终长音的空白与前三段空白之处相比则多了更为悠远绵延的表达。可见，此处的"留白""空"包含着变化无穷的内涵。《阳关三叠》曲终琴谱如图10-9所示。

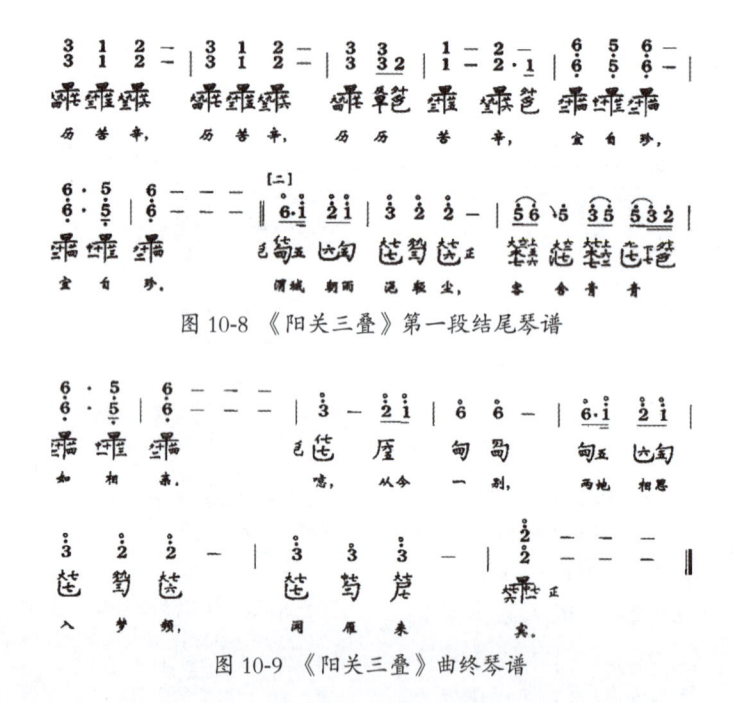

图10-8 《阳关三叠》第一段结尾琴谱

图10-9 《阳关三叠》曲终琴谱

知识拓展

无弦琴与《4分33秒》

陶渊明和约翰·凯奇，一个生活在中国的晋代，一个生活在20世纪的西方，在音乐的认识上却颇有些相通之处。

《宋书·隐逸传》记载："潜不解音声，而畜素琴一张，无弦，每有酒适，辄抚弄以寄其意。"意思是陶渊明并不懂音乐，但却有一张无弦无徽的素琴，每次饮酒饮得畅快了，便抱着无弦琴抚弄一番，来抒发自己内心的感触。

《4分33秒》是先锋派古典音乐作曲家约翰·凯奇最著名的音乐作品，首演于1952年。整个演奏的过程没有出现大家所期待的听觉盛筵，只有表演者翻乐谱的声音，以及观众席上传出来的各种各样的咳嗽声和笑声。然而，在谢幕时，全场掌声雷动。这是什么原因？或者我们可以这么问，是不是只有现场器乐之间的触碰才能给我们带来音乐？约翰·凯奇通过这样的一种特殊方式对音乐进行了特别解读，让大家在现场的这4分33秒的安静当中，充分感受到了乐器之外的声音。可以说现场的观众是用自己的想象完成了一场演奏，而且每个人心中的演奏都是与众不同的。

两个例子有异曲同工之妙，都是用"无声"诠释有声的经典案例。

三、留白妙趣知多少

留白并非只是中国传统美学精神的精粹，它有着深厚的思想根源，其理论基础可以追溯到中国古代的"虚实相生说"。"虚实相生"即"有无相生"，此概念最早可追溯至老子《道德经》中的："有之以为利，无之以为用。"这就是说，"有"能够为人们提供便利，"无"发挥了它的作用。"有"和"无"是不能分离的，只有在"无"的有利条件下，"有"才能发挥出应有的作用和价值。体现在艺术上，这就要求艺术创作必须"虚实结合"，存在"虚"，存在"留白"，才能创造出更富生命力的艺术形象。事实证明，留白在文艺作品中的运用，确实能让作品的审美内涵更上一层楼。

（一）以无纳有，尽简约之致

美学家宗白华曾说："空而后能简，简而练，则理趣横溢，而脱略形迹。"意思是留有空白，才能更加简洁精练，更加自由地表达理趣情致。

比如贾岛的《寻隐者不遇》一诗，作者去山中寻访隐者，但只见童子不见隐者，于是有感而作。

> 松下问童子，言师采药去。
> 只在此山中，云深不知处。

从内容的角度看，这首诗应该有三问三答：一问"师往何处去"，童子答"言师采药去"；二问"采药在何处？"，童子答"只在此山中"；三问"山前或山后"，童子答

"云深不知处"。明明三番问答，有六句可写，然善于推敲的贾岛却运用留白手法，把三句问话省略了，只写出了"童子"的答语，巧妙地将这段寻隐者不遇的经历，以浅显、简洁的语言精简为二十字。这二十字虽有诗体的限制，但却寓问于答，更能体现作者匠心独具的构思。细品全诗，大家会发现，作者不仅写了寻隐者不遇这件事，而且还将童子的聪明伶俐，隐者的行踪不定以及诗人那种对隐者的仰慕、寻隐者不遇时失望又不甘心的心情等，都蕴含在了精简的二十字之中，可谓简约而不简单。

（二）虚实相生，得象外之意

"空本难图，实景清而空景现。神无可绘，真境逼而神境生。位置相戾，有画处多属赘疣。虚实相生，无画处皆成妙境""不着一字，尽得风流""此时无声胜有声"等句，皆是对留白手法所产生的艺术效果的经典表述。然而，这些艺术效果是如何形成的呢？一方面自然离不开艺术家们的精心布局，另一方面更是源自艺术家们的画笔、文字、音符在特定的背景中，唤醒了接受者已有的欣赏经验，并由此引发新的共鸣与理解。这就是所谓的"一千个读者，就有一千个哈姆雷特"。

比如《红楼梦》中林黛玉去世时的一段描写。

> 刚擦着，猛听黛玉直声叫道："宝玉！宝玉！你好——"说到"好"字，便浑身冷汗，不作声了。紫鹃等急忙扶住，那汗愈出，身子便渐渐地冷了。探春李纨叫人乱着拢头穿衣，只见黛玉两眼一翻，呜呼！香魂一缕随风散，愁绪三更入梦遥！当时黛玉气绝，正是宝玉娶宝钗的这个时辰。

林黛玉死在贾宝玉娶薛宝钗的时辰，临死前，说了一句不完整的话"宝玉！宝玉！你好——"，便气绝而亡。剩下的想说而未说出口的话，恰恰体现了黛玉离世时无法用语言表达出来的复杂心情。这没有说完的话到底是什么？在这样的留白中，读者可以有各种猜测。

也许有人会猜测，黛玉想说的是"宝玉宝玉，你好狠心"，表达了即将告别人世时的那种心痛和绝望。

有人会猜黛玉想说的可能是"宝玉宝玉，你好糊涂"。连成亲的是谁都分不清楚，这不是糊涂是什么，表现了黛玉此时对宝玉的责怪。

有人会猜黛玉想说的可能是"宝玉，宝玉，你好苦"。被迫娶了一个可能并不那么爱的人，未来被迫会走向仕途经济，人生不由自己掌控了，表达了黛玉对宝玉的同情和怜悯。

当然，可能性还有很多，宝玉黛玉两小无猜，心有灵犀，也许黛玉希望自己撒手人寰之后，宝玉能够好好活着，表达了对宝玉的祝福和期望，也表现了自己死前的通透。

　　因此，此处留白让死前黛玉的情感表达显得更为丰富复杂，也激发读者更多的想象，且依照自我的阅读经验、情感经历，对林黛玉的内在心理做出各种不同的设想和猜测。

　　"空白乃灵气往来生命流动之处"，从古到今，从传统到现代，大家不仅能在各种艺术作品中领略留白这一手法所带来的象外之意、韵外之致，而且在今天的放养教育中、断舍离的生活理念中，都能看到留白艺术的影子。

主讲教师：吴少平

讲师

◎ 主要从事中国古代文学的教学与研究工作。
◎ 获浙江省高职院校教学能力比赛一等奖。
◎ 获全国高职院校技能大赛教学能力比赛一等奖。

第十一讲

"胡服骑射"的影响还在吗

赵武灵王赵雍是战国时期赵国的第六代君主，近代著名的历史学家梁启超评价他为"黄帝之后第一伟人"，原因很简单，他办了一件大事，"废黜兵车，改以骑兵征战，上下臣民，一律改穿胡服"。赵武灵王这一历史性举措无疑大大提升了军队的战斗力，但是军人着胡服会改变汉服的既有体系吗？会影响汉服的发展吗？

弹钢琴的时候要穿西式礼服，那么弹古琴的时候呢？什么服饰最能体现出古琴清远悠扬、高山流水的意蕴？毫无疑问是汉服！汉服是中华民族的第二层皮肤，它的象征意义既有文化方面的，又有民族和社会方面的（见图11-1）。那么，就让我们一起来了解一下汉民族的传统服饰——汉服有哪些基本特征和文化内涵吧！

图 11-1　汉服与胡服的比较

一、什么是汉服

"中国有礼仪之大，故称夏，有服章之美，谓之华。"汉族的前身也叫"华夏族"，而华夏民族的名字，有一半含义是来源于这华美的衣服。

汉服是指从三皇五帝到明末清初，在汉族的主要居住区，以"华夏—汉"文化为背景和主导思想，以华夏礼仪文化为中心，通过自然演化而形成的具有汉族特征，并明显

气韵生动（传统美育）

区别于其他民族的传统服装和配饰体系，又称汉装、华服。

汉服体现了中国"衣冠上国""礼仪之邦""锦绣中华"等文化元素，承载了汉族的染织绣等杰出工艺和美学，传承了30多项中国非物质文化遗产以及受保护的中国工艺美术。

汉服是最能和中华传统文化各个方面相结合的服饰，儒道国学、诗词歌赋、武术剑道、茗茶药酒、琴棋书画、礼乐舞蹈，无一不与汉服有着密切联系，比如儒家、道家那种天人合一、追求平和、不与世争、宽厚仁爱的思想体现在服饰上，塑造了汉服的宽大、随和以及包容四海的气度，汉服可以完整表达出中国几千年的文化底蕴，是最能代表中国文化的一种服饰体系。

汉服的样式是一成不变的吗？

昔黄帝尧舜垂衣裳而天下治，从那时起，衣冠除了遮身蔽体之外，还具有了区别四夷的作用，且逐渐成为华夏的族群特性之一。

春秋战国之际，周室衰微，各诸侯国虽心思不一，但与周天子在明面上依然维持着一种和平，表达了自己对于夏民族、夏文化，抑或是说对于所谓正统的维护。而这种"正统"的表现形式之一就是华夏衣冠，《周礼·地官·大司徒》云"衣服不贰，从容有常，以齐其民"，认为"同衣服"的风尚才可安定万民。

因此，赵武灵王要改交领右衽、褒衣博带的中原服饰为短衣窄袖的胡服，无疑是对自黄帝以来的中原衣冠制度的一次极大的挑战，会受到各方阻力也是毋庸置疑的。当然，胡服骑射是一次战斗技术上的学习与提升，着胡服只是实施骑射的一个条件，且胡服也只在赵国军队中使用，王公大臣日常家居、祭祀、朝会时的穿着仍以宽袍大袖的中原服饰为主。所以，胡服骑射并不意味着文化被侵袭、被改变，更不代表改革之后赵国就会由夏入夷，想必这也是赵武灵王最终能说服公子成等宗室贵族接受变革的原因之一。

赵武灵王之后，中国服饰史上也不乏主动向周边少数民族学习、借鉴服饰优秀元素的案例，最典型的当属唐朝。唐太宗主张"自古皆贵中华，贱夷狄，朕独爱之如一"，这样开明的态度造就了唐朝对外来文化兼收并蓄、开放包容的大国气度。在唐朝，具有外来元素的服饰饮食、音乐舞蹈、绘画艺术、石窟造像等随处可见，具有胡服元素的唐圆领袍也是在这个时候发展并盛行起来的。明朝立国后，明太祖朱元璋力主恢复汉服，"上取周制，下取唐宋"，并为此重新制定了服饰制度，明令禁止穿胡服，但具有蒙元服饰元素的"质孙服"等仍流传了下来，并与汉服元素进行融合以更符合汉人审美，从而产生了曳撒、贴里等深受明代士庶欢迎的汉服款式，明朝主体的冠服体系也仍是汉制。

纵观中国历朝历代的服饰，可以发现其款式不是一成不变的，而是会因时代、文化、风俗、审美的不同体现出一定的差异性，但其作为"华夏衣冠"的基本特征和其包含的主体文化内涵是始终不变的，因此，我们应以开放、包容的心态看待传统服饰的传承和发展。

知识拓展

满族旗装以及近现代的旗袍、唐装、中山装属于汉服吗

现代女性的旗袍虽然融入了很多传统的服饰元素，如采用传统的丝绸面料，运用汉族的纹饰、刺绣技巧等，但其设计理念明显更接近西方服饰，运用西方的剪裁方式，收腰开衩，露出大腿，搭配高跟鞋以显示女性性感高挑的风韵，实则与西方晚礼服无甚差别，缺少了东方服饰含蓄、内敛、典雅的特质。而所谓的"唐装"，则不仅式样臃肿难看，连用色花纹都俗艳不堪，穿在身上就像旧社会的土财主，完全无法体现出中国传统文化中宽博大气的美感。中山装则是孙中山先生参照西欧和日本学生装式样并结合当时南洋流行的"企领"文装上衣而设计的，虽然有一定的进步性，但也缺少了中国特色。因此，它们不是汉服。

二、汉服的款式特征

1. 交领右衽

交领右衽是汉服的典型特征。衽即衣襟，交领指衣服前襟左右相交，左前襟掩向右腋系带，将右襟掩覆于内（见图11-2），从正面看去，领口是个"y"形。与之相反，中国古代一些少数民族的服装，前襟是向左掩，称为左衽

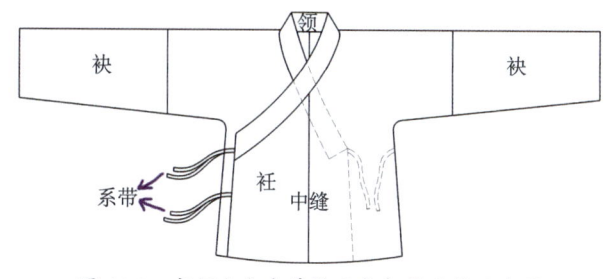

汉服的主要款式特征

图11-2 交领上衣内外襟及各部位名称示意图

气韵生动（传统美育）

（见图11-3）。《论语·宪问》中记载了孔子对管仲的评价："管仲相桓公，霸诸侯，一匡天下，民到于今受其赐，微管仲，吾其被发左衽矣。"意思是说要是没有管仲辅佐齐桓公尊王攘夷，我们就要沦为异族统治，像蛮夷那样披散着头发，穿着左衽的衣服了。可见"右衽"这一特征对于汉族服装的重要性。

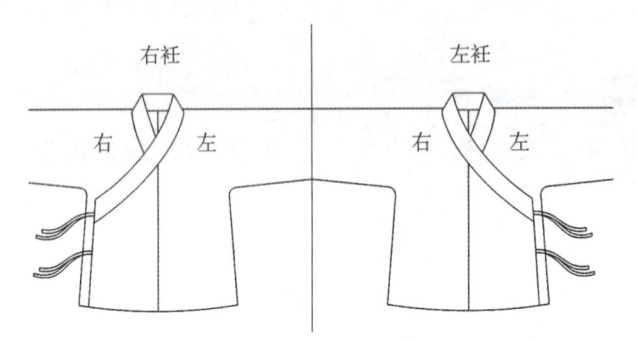

图 11-3　右衽与左衽的比较示意图

在交领右衽的基础上，后来又出现了盘领（即圆领）、直领（又叫对襟）、立领、坦领、方领等。盘领的左襟一直掩至右肩部，在右肩附近用布扣系扎（见图11-4）。

图 11-4　孔府旧藏——绿地织金凤纹盘领女袍

在没有拉链的年代，交领是最简易、方便和实用的穿衣设计，保暖防寒、不易走光，因而，自先秦以来，无论衣服的材料、做工、款式如何变化，交领始终是汉民族服装的主要形制，这种服饰形制也盛行于朝鲜、日本等东南亚国家和中国的一些少数民族。相较于左衽，右衽这种将左衣襟拉于衣装右侧并系带的穿着方式，右手操作起来更为顺手、方便。同时，右衽也便于右手从衣襟内拿取物品，适合古人把贵重物品贴身收纳到袖子或衣襟内的生活习惯（见图11-5）。此外，右衽也与中国传统文化中"以左为尊"的主张有关。

反之，北方少数民族服装则必须适应马上的生活。衣襟左掩能够较少地影响拉弓射箭时右臂的活动范围，又能更多地保护右臂不受到伤害，并且方便左手从怀中取放物品，以便腾出右手使用武器，所以衣襟偏左居多。

图 11-5　电影《唐伯虎点秋香》中周星驰演绎的古人衣襟的妙用

另外，在汉族传统习俗中，死者之服（寿衣）用左衽，不用布钮，而是使用细布带系死结，以示阴阳有别。

2. 系带隐扣

汉服中起固定作用的主要是绳带（见图11-6），汉服的绳带兼顾了固定和装饰的作用，主要采用与衣身相同的面料制作而成，在固定衣身的同时，使服装整体统一而富有变化，完美地诠释出传统服饰"中和之美"的意韵。

早期因汉服的理论研究不够深入，缺少留存现世的文物支持，广泛流传着汉服"系

图 11-6　汉服中的系带

带无扣"的错误说法，其实，在我国服饰发展史上，纽扣的出现很早。周朝反映周王朝礼仪的《周礼》《礼记》等书中出现了"纽"字，"纽"是相互交结的纽结，也就是扣结。考古发现，在春秋战国时期就有对扣的使用。唐代时纽襻扣在圆领袍上广泛使用，一般都使用三对（见图11-7）。唐代之后，纽扣的形制更多，明代女性主要使用金属纽扣（见图11-8），清代以后纽扣成为衣服上最主要的系结物。

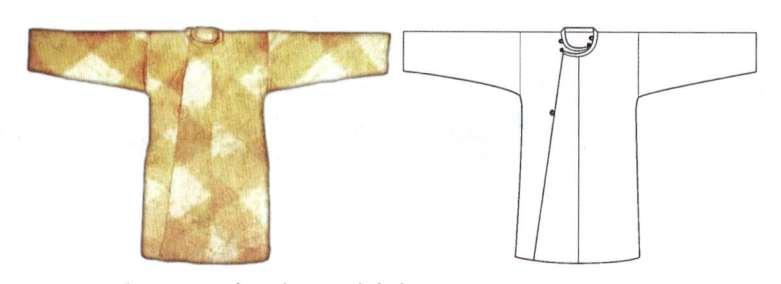

图 11-7　日本正仓院所藏奈良朝上领袍及其线稿示意图

气韵生动（传统美育）

明代命妇画像　　　　　　　　　明代定陵出土金银扣

图 11-8　明代服饰上广泛使用的金银扣

3. 圆袂收祛

袂指衣袖，祛即袖口。古代中国人普遍认为，天是圆的，地是方的，汉服的袖子皆为圆袖，意为天道圆融。圆袂指袖式腋部略窄，袖身中部逐渐放宽，至袂部逐渐收杀，形成圆弧。收祛即封闭宽大袖子的下端。汉服的礼服一般是宽袖的，显示出雍容大度、典雅庄重的风采。但过于宽大的袖口容易暴露手臂肌肤，与中国传统服饰文化中所强调的"不露体肤"相悖，也容易盖住手指，影响活动。因此，采用收祛的方式收小袖口，便同时兼顾了美观性与实用性（见图 11-9）。

其实，古人的大袖还有一个妙用，就是可以用来收纳物品，大家所熟悉的成语"两袖清风"就与大袖的这个功能相关。

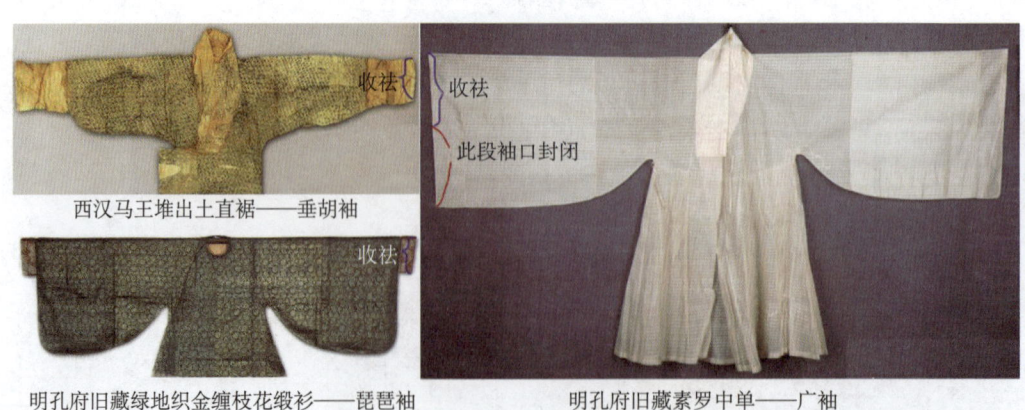

西汉马王堆出土直裾——垂胡袖

明孔府旧藏绿地织金缠枝花缎衫——琵琶袖

明孔府旧藏素罗中单——广袖

图 11-9　汉服袖子的"圆袂收祛"

第十一讲 "胡服骑射"的影响还在吗

知识拓展

两袖清风

古人穿的衣服没有口袋,官员都穿长衫,袖子特别宽大,袖口收袪,只开一个小口子,便于在袖子里放一些银两、诗词文章等而不会掉出。明朝正统年间,宦官王振当权,朝政腐败,贪污成风,官员们经常把受贿的银两放进自己衣袖,一天下来,袖子里装满了受贿得来的金银财宝,变得沉甸甸的。巡抚于谦每次进京奏事,总是不带任何礼品。他的同僚劝他好歹也要带些地方特产送给上官,于谦笑着举起两袖,风趣地说:"带有清风!"以示对那些贪官的嘲弄。两袖清风的成语从此便流传下来,代表官员廉洁,没有贪赃枉法,衣袖里面空空如也,只有清风。

除上述特征以外,线条流畅、飘逸潇洒是汉服区别于同为华夏文化体系的日韩衣冠的鲜明特征(见图11-10、图11-11)。

韩服 　　　　　　　明制汉服

图11-10　韩服与汉服的比较

和服 　　　　　　　汉服直裾

图11-11　和服与汉服的比较

气韵生动（传统美育）

三、汉服与中国传统文化

自黄帝、尧舜垂衣裳而天下治，服饰就作为礼制和文化的载体流传了下来，并在漫长的发展过程中不断得到完善。历朝历代的汉服款式虽蔚为大观，然其基本结构却万变不离其宗，而在这衣冠服制的一脉相承中正蕴含着中华文化绵延不绝的要义精髓。

（一）汉服的整体设计理念

中国传统文化强调天人合一，崇尚宽博大气、含蓄自然的审美模式和虚实相生、有无合一的理念，深受这种文化信仰的影响，东方服装在形制上便形成了不显露躯体、服饰与人体之间保持着较大空间的宽体造型，使穿着者无压迫束缚之感。穿着后服装富有流动飘逸的动态之美，能体现出洒脱、自然、和谐、委婉、含蓄的情感意境。

这与西方礼服袒胸露臂，刻意强调女性曲线，用紧身胸衣和裙撑束缚女性躯体，突出强调女性第二性征的服饰理念无疑是背道而驰的。可以说，西方服饰通过紧身胸衣凸出女性身体的曲线美，体现了人性的解放和性意识的觉醒，而东方服饰则更注重人与自然的和谐统一，追求女性着装后一举一动所产生的意境美（见图11-12）。

中国传统服饰 　　　　　　西方服饰

图11-12　东西方服饰风格比较

第十一讲 —— "胡服骑射"的影响还在吗

华夏祖先对世界秩序的理解是上天下地、上阳下阴,中国最早出现的服饰形制之一(见图11-13)的上衣下裳制,正是对这一理解的形象诠释。上衣下裳,衣尊裳卑,以服饰形制代表阴阳、天地、男女、君臣、父子关系,将服装与天地、阴阳、人伦对应,怎能不让人肃然起敬呢?即便后来出现了"深衣"制服装,仍采用上衣下裳分开裁剪后再拼合在一起的方式,代表着天地相合与阴阳相接(见图11-14)。

图 11-13　上衣下裳制的帝王冕服　　图 11-14　深衣制的曲裾和直裾

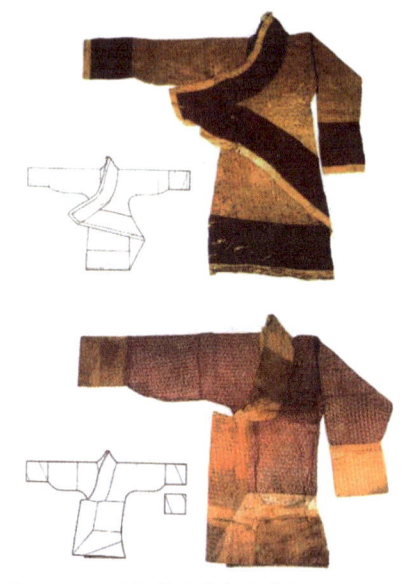

汉服平面裁剪中的一大特点便是运用完整的面料裁剪方式,最大限度地减少对面料的浪费和破坏,尽可能保持面料的完整性,传承了中国传统文化中戒奢以俭、俭以养德、礼法自然的观念。《礼记·深衣》曾详细记载了深衣的形制和内涵:"古者深衣,盖有制度……制十有二幅,以应十有二月。袂圜以应规,曲袷如矩以应方,负绳及踝以应直,下齐如权衡以应平。故规者,行举手以为容。负绳抱方者,以直其政,方其义也。"也就是说,深衣的裁剪是有固定的尺寸样式的,上衣用布四幅,象征着一年四季,下裳用布十二幅,以与一年的十二个月相应。圆形的袖口,用以象征圆规。方形的交领如矩,用以象征品行方正。衣背的中缝长到脚后跟以与正直相应,下裳下端齐整如同权衡以与公平的原则相符合。因此袖似圆规,象征举手行揖让礼的容姿。背缝垂直而领子正方,以象征政教不偏,义理公正(见图11-15)。

气韵生动（传统美育）

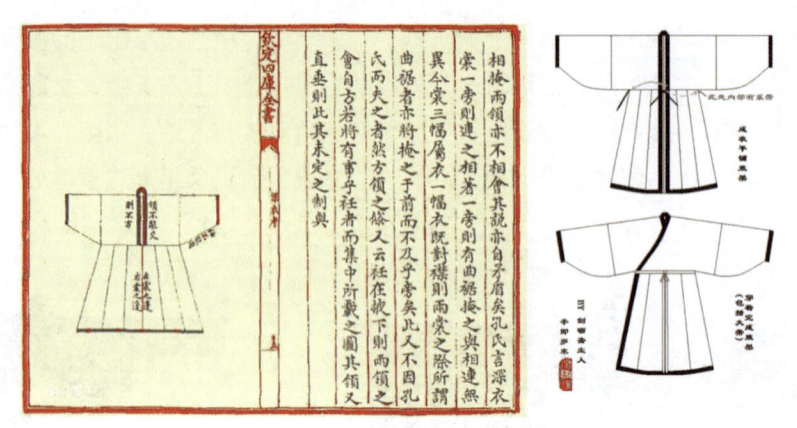

图 11-15 《四库全书》中关于深衣的记载及现代人复原的深衣平铺与穿着后示意图

（二）汉服的细节韵味

1. 汉服的中缝

传统的汉服前后都有一条贯穿首尾的缝合线，叫作"中缝"（见图 11-16），汉服的中缝最早是由于古人所织的布门幅较窄，衣身必须由几块布拼接而成，为了保证服装左右的对称，就选择了在中缝进行拼接。但是，这种拼接习惯后来被赋予了特殊的意义，因此作为传统传承了下来。《礼记·深衣》中说"负绳及踝以应直，下齐如权衡以应平。"当人穿上汉服站直时，中缝与地面垂直，而一旦穿着者的姿态不正，中缝就随之发生了倾斜。刚正不阿，为人正直，是古人对君子的基本要求。衣服上的这条中线时刻提醒着穿上它的人应当抬头挺胸，做一个堂堂正正的人。将中缝的挺直与否与人品道德相挂钩，其意义可谓重大，这也成了很多人衡量汉服形制是否"正宗"的标准之一。

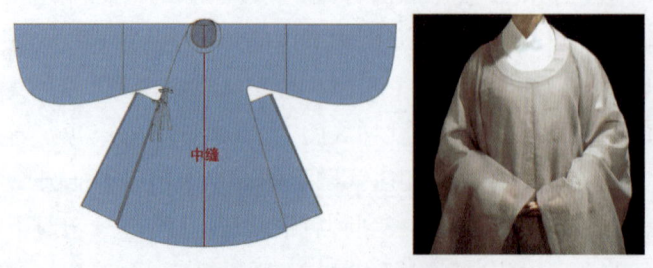

图 11-16 汉服的中缝

可以这么说，中线是传统服饰的脊梁，它使汉服展开时呈左右对称之美，折叠时则呈合一之势，这一横一竖，就组成了传统服饰的基本结构。

2. 汉服的袖长

汉服的裁剪方法一直是采用平面裁剪，且用料一般都大于覆盖人体的最小需要，在生产力水平不高的古代，汉服的用料多少也成为区分身份高低的标准。

传统的汉服放松量普遍较大，我们参观一些博物馆珍藏的汉服出土文物时，常感叹那一件件平铺展示的衣服看起来像一个"庞然大物"，其胸围平铺后的尺寸远远大于现代普通时装的尺寸。这一方面是因为汉服采用平面裁剪，没有省道和肩斜，为了不影响人体的活动，就需放量加大；另一方面，宽袍大袖、交领右衽正是汉服区别于其他民族服饰的最主要标志。所以纵观历代汉服（尤其是礼服类），其袖长都远远长出手臂（见图11-17），袖肥甚至在穿着后宽到及地，但是当人穿着后，一举手一投足，衣袖都会随人体的动作而形成优美的流线，这种行云流水般的设计正是汉服所特有的韵味。

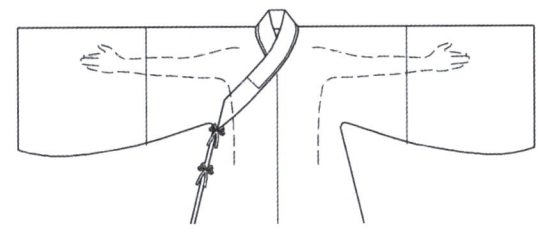

图 11-17　汉服礼服衣袖长度示意

"张袂成阴"虽然是晏子用来回击楚王，形容齐国国都临淄人多的成语，但也从另一方面反映了古人所穿服装袖子的宽大，张开袖子就能遮蔽天日，使晴天成为阴天。反之，如果袖子做得过于短小，就容易"捉襟见肘"，形成"八字袖"，这也是汉服复兴早期一些不负责任的商家为节约成本容易犯的通病（见图11-18）。

图 11-18　左图衣服袖子过短，显得局促，右图两款为传统汉服的袖长

3. 汉服的色彩

中国传统服饰中的色彩文化有着悠久而灿烂的历史。以"五彩正色"为基调的中国传统服饰色彩理念，体现了中国传统服饰独具风格的一面。

古人出于对大自然的敬畏与尊崇心理，构建了阴阳五行学说，世间万物似乎都可以用阴阳五行对应，人的服饰着装也不例外。五色即源于五行（见图11-19），青为木、为东、为春，色彩形象广博、宁静，东汉时期太皇太后、皇太后蚕礼服的服色要求就是青上缥下；赤为火、为南、为夏，色彩形象热烈、鲜明；黄为土，居中，色彩形象庄严、辉煌，是中国儒家思想中地位极高的色彩，从唐代以后，黄色几乎成为皇家的专用色彩；白为金、为西、为秋，色彩形象纯净、冷峻，古代未仕者服色多用白色，称"白衣""白丁"；黑为水、为北、为冬，色彩形象深沉、严肃，古代军士穿黑衣，因而"黑衣"为军士代称。

图 11-19 五行五色相生相克示意图

封建统治者为了解释其政权的合理、合法性，通常采用"五行学说"加以佐证。不同朝代对服饰色彩也各有崇尚，因此历代帝王问鼎天下后的第一件事就是"改正朔，易服色"。在黄帝时期，与黄帝配位的是土德，他所尊崇的颜色也就是黄色。夏朝由前朝所孕育，根据五行学说，木克土，所以夏朝所对应的就是木德，在这一时期崇尚的颜色为青色。以此类推，金克木，所以商朝尚白，火克金，所以周朝尚赤，至秦朝依然延续这套五行学说，崇尚能克火的水德，以黑为尊。到后来更发展成穿衣的颜色也要顺应天时，随四季变换，早在西汉，天子服制"大抵以四时节气而为服饰之别，如春青、夏赤、秋黄、冬皂"，形成了"四时衣"。到东汉改为"五时衣"，对应五行的五色，即春青、夏赤、季夏黄、秋白、冬黑。这种风俗很快传到民间，江南一带"嫁娶新妇，必有五时衣"。汉服服色对五行五色体系的遵从一直延续到清代，体现了中华民族顺应天道，师法自然，以达到"天道"与"人道"完美合一的境界追求。

中国传统服色尊卑有别，等级森严。早期以正色为尊，由五种正色混合而成的颜色如绀（红青色）、红（浅红色）、缥（淡青色）、紫、流黄（褐黄色）即为间色，间色为卑，因此孔子说"恶紫之夺朱也""红紫不以为亵服"，《礼记·玉藻》也言"衣正色，裳间色，非列采不入公门"，体现了古人正色尊间色卑、上衣尊下裳卑的服饰制度。但是孔子对紫色的抵制也扛不住人们物以稀为贵的心理和惊人一致的审美，紫色慢慢成为受人追捧的高贵颜色。唐朝开始以服色区分官员等级，规定"三品官以上服紫色，五品官以上服绯色，七品官以上服绿色，九品官以上服碧色"，宋元大体上沿袭了唐朝的官服制度，至明代才简化成"四品以上服绯，七品以上服青，九品以上服绿"。对于祭祀用礼服的色彩规定，则更为严格，以玄端为例，士玄衣纁裳，玄色黑中透红，纁色黄中并赤，有种深沉严肃的美（见图 11-20）。再如朱子深衣，白衣皂缘，纯正质朴，表达了中正平和的儒者精神（见图 11-21）。

图 11-20　周制玄端

图 11-21　朱子深衣

147

4. 汉服的纹饰

汉服的纹饰多采用动物、植物和几何纹样。图案的表现方式大致经历了抽象、规范到写实等几个阶段。商周以前的图案与原始的汉字一样，比较简练、概括，抽象性强烈。周朝以后至唐宋时期，图案日趋工整，上下均衡、左右对称，纹样布局严密，如回字纹、云雷纹、宝相花、唐草纹等，多取材于自然界，经过了精炼、提取和整理，以二方连续构图形式来表现（见图11-22、图11-23）。明清时期，则更注重写实，各种动物、植物往往被刻画得细腻逼真、栩栩如生，在服饰图案中寄予着人们对自然的热爱、对生命的信仰及对真善美的追求（见图11-24）。

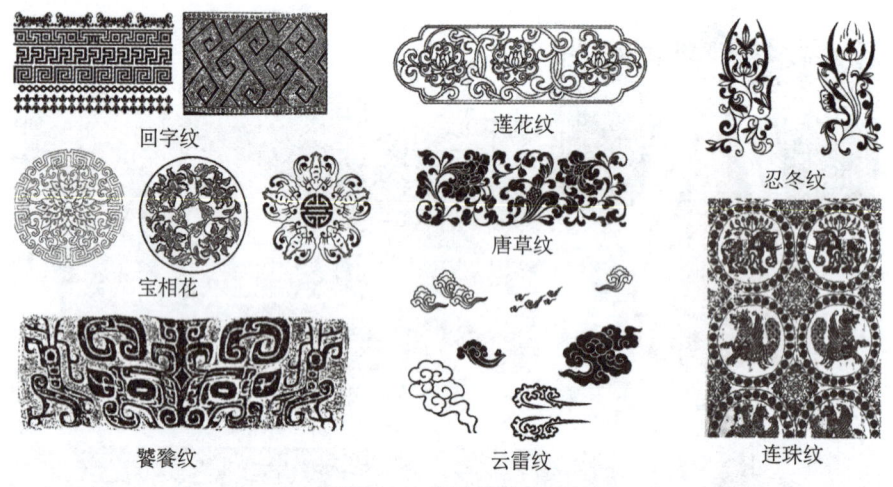

图 11-22 传统服饰纹样

图 11-23 马山一号楚墓出土的直裾衣身上的传统凤鸟纹

图 11-24　明孔府旧藏——白罗绣花花鸟裙

中国古代封建社会有着森严的等级制度，服饰纹样更是身份的象征，其中以代表王权的龙纹、十二章纹和代表官衔的百官补服最具代表性。"龙"作为中华民族的图腾，用在服饰上是一种权威的象征。明朝以前，中国的帝王也有穿龙袍的，但龙袍并不是皇帝一个人的"专利"，其他的贵族也能穿有龙图案的衣服。唐高祖武德年间下令，臣民不得使用黄色，黄色的龙袍是帝王专用，郡王以上的皇亲可以穿其他颜色配龙图案的服饰。明朝的时候才开始规定，只有皇帝能穿龙形图案的衣服，其他人要穿的话只能改为四爪的蟒袍（见图 11-25）。这种服饰制度一直沿用到了清末。

五爪龙　　　　　　　四爪蟒
图 11-25　五爪龙和四爪蟒的区别

十二章纹为帝王冕服专用，由日、月、星辰、山、龙、华虫、宗彝、藻、火、粉米、黼、黻组成，通称"十二章纹"（见图 11-26）。其中日、月、星辰代表三光照耀，象征着

气韵生动（传统美育）

帝王皇恩浩荡，普照四方；山代表着帝王的稳重性格，象征帝王能治理四方水土；龙象征帝王们善于审时度势地处理国家大事和对人民教诲；华虫是一种羽毛华丽的雉鸡，象征帝王要"文采昭著"；宗彝是古代祭祀的一种器物，象征帝王忠、孝的美德；藻象征帝王的品行冰清玉洁；火象征帝王处理政务光明磊落；粉米就是白米，象征着皇帝给养着人民，安邦治国，重视农桑；黼为斧头形状，象征皇帝做事干练果敢；黻为两个己字相背，代表着帝王明辨是非、知错就改的美德。十二章为章服之始，以下又衍生出九章、七章、五章、三章之别，按品位递减。例如，明代服制规定：天子十二章，皇太子、亲王、世子俱九章。

明清时期，各级官员按照文武品级的不同，装饰在官服上的图案纹样也各不相同，这种织缀在官服胸前或后背上的圆形或方形图案叫作"补子"。文官绣禽，以示文明：一品仙鹤，二品锦鸡，三品孔雀，四品云雁，五品白鹇，六品鹭鸶，七品鸂鶒，八品黄鹂，九品鹌鹑；武官绣兽，以示威猛：一品、二品狮子，三品、四品虎豹，五品熊罴，六品、七品彪，八品犀牛，九品海马。补子对于区别官员的文武、官阶等进行了符号化的概括（见图11-27）。

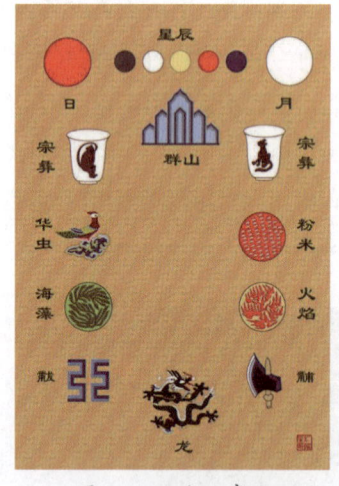

图11-26 十二章纹

图11-27 穿着补服的明代文官画像

知识拓展

衣冠禽兽

"衣冠禽兽"这一成语就来源于明朝的补服制度，这个成语产生之初是带着褒义的，因为能在服装上冠以"禽"或"兽"的，都是朝廷里有品级的官员，是一件值得骄傲和炫耀的事。这个词之所以发生"变质"，则要从明朝末年说起。当时宦官当权，百姓民不聊生，有些朝廷官员为了能够让自己过上好日子，不仅不思为民请命，反而趁机中饱私囊、鱼肉百姓。所以在百姓心目中，朝廷官员就如吸血鬼一般，惹人憎恶，朝廷官员所穿的补服也成了大家唾弃的对象，从那个时候开始，衣冠禽兽这四个字在百姓心中便已经有了贬义。不过衣冠禽兽这一成语含义的真正演变，还要归结于明末清初的文化发酵。清代小说家李汝珍曾写过一本书，叫作《镜花缘》，他在书中写道："如果不孝顺，当了官爷还是衣冠禽兽。"从那个时候开始，衣冠禽兽便正式演变成了贬义词，泛指道德品行败坏，行为像禽兽一样卑劣的人。

明朝宫廷女眷也可以穿补子蟒衣，而补子图纹则根据节令的变化不断调整，形成了独具特色的明代应景纹文化，如正月十五的"灯景"补子，五月的"五毒艾虎"补子等。明代逢上元灯节，内臣宫眷皆须穿戴灯景补子蟒衣，以应节令（见图11-28）。

七夕鹊桥应景方补　　双龙灯笼景圆补　　五毒艾虎方补

图11-28　明代的应景补子

四、汉服在近代的消亡和在当代的全新呈现

在强调"名正言顺"的华夏传统中，历代帝王问鼎天下后的第一件事便是"改正朔、易服色"；满族入主中原，也是从衣冠入手的。明清鼎革后，清室下令剃发易服，强制汉族男子剃发蓄辫，改穿满族的长袍马褂。对女子妆发服饰略为宽容，这使得汉族女服在清早期依然存在，但在长期满汉民族的文化交融中，汉族女装与满族旗装互有借鉴，乾隆以后，汉族女服渐肥渐短，袖口日宽。到晚清时，都市妇女已去裙着裤，衣上镶花边、滚牙子，而汉族男装则几近销声匿迹了。民国时期，由于西方文明对中华文明的强势冲击，国家处于内忧外患的非常时期，汉服几乎在中华大地上绝迹，汉服相关的文物

气韵生动（传统美育）

考据资料严重匮乏。据说，国学大师章太炎先生在旅居日本时，见和服有华夏遗风，以之为汉服，就找人给自己做了一套和服，绣上"汉"字（见图11-29），以寄托对汉人衣冠的向往，想来其中定有难言的伤痛吧。

图11-29　国学大师章太炎先生

时至今日，随着中国经济的发展、传统文化的回归，汉族作为一个历史悠久的古老民族，却似乎存在这样一种尴尬：每逢盛大的庆典、礼仪或与其他国家、其他民族的重大聚会中，却想不出该穿什么样的衣服赴会，中国的五十六个民族中，五十五个民族都有自己的民族服装，惟独人数最多的汉族没有。翻查《现代汉语词典》，里面是这样解释"汉族"的："我国人数最多的民族，分布在全国各地。"只给出了个人数比例和地域分布概况，至于民族服装、民族节日、民族礼仪、民族歌舞、民族信仰，恐怕连编者自己都不甚了然。

时下，如大家所见，汉服元素正在一些时装上复苏，热爱汉服之美、崇尚穿着汉元素服装的年轻人，尤其是年轻女子越来越多，而且在一些具有特别纪念意义的活动中，比如十岁成长仪式、十八岁成人礼、孔子周年纪念等活动，有些举办人就会要求大家参加时要穿汉服。

汉服是汉族一脉相承的传统服饰，是人类文明史上最为璀璨华美、丰富多彩的篇章，它以其高超的美学工艺屹立于世界服饰艺术之巅。从服饰的演变中可以看出历史的变迁、经济的发展和文化审美意识的演变。服饰史同时也是文化史的一部分，它反映了一个民族文化审美的心路历程。商周时期庄重典雅的冕服，先秦两汉婀娜大气的曲裾，魏晋时期飘逸潇洒的杂裾，唐代丰满华丽的高腰襦裙和襕衫，宋代端庄清丽的褙子，明代敦厚繁丽的襦裙和比甲，无不体现出中国古人的审美倾向和思想内涵（见图11-30）。

图 11-30　中国装束复原小组根据出土文物、壁画、陶俑等复原的部分传统服饰

服饰文化是从骨子里透出来的，代表中国的美学和精神。越是接触汉服、了解汉服，你会越发敬佩古人的审美，感动于他们对美的追求。美好的事物总能给我们带来精神上的愉悦，美的东西一定要有美的艺术形式才能被大众接受，而美的艺术形式若具有美的内容则若醇酒，持久弥香。在这点上，汉服无疑是幸运的。因为它不但具有美的外表，而且有美的内涵——深厚的历史文化映照其上而产生的古朴又永恒的绚烂光辉和气韵，正是汉服区别于其他任何服饰的原因。在物质文明高度发达的今天，汉服作为一种实用功能与审美意念和谐统一的服制，并没有失去它所应有的价值，反而经过历史的洗礼与时间的沉淀，更彰显其文化底蕴。

主讲教师：张君浪

讲师 / 艺术创意学院服装与服饰设计专业教师

◎ 指导学生获浙江省高职院校职业技能大赛一等奖 1 项，三等奖 3 项，指导学生获全国职业院校技能大赛二等奖 1 项；

◎ 主持厅级课题 1 项，公开发表《从汉服的审美层面看汉服的精神文化价值》《中国风服饰的时尚设计手法》《中国民族服装品牌发展的国际化探索》等论文多篇。

第十二讲

《茉莉花》何以香遍世界

"好一朵美丽的茉莉花,好一朵美丽的茉莉花,芬芳美丽满枝桠,又香又白人人夸……"民歌《茉莉花》,从古代唱到现在,从东方唱到西方,从民间小调唱成中国送给世界的音乐名片,让世界在委婉悠扬的旋律中品味中国江南水乡的秀丽多情,感受欢快美好的东方情调。《茉莉花》为什么能得到那么多人的喜爱呢?

提起《茉莉花》这首民歌,绝大多数中国人都能哼上几句。即便是在国外,只要是有华人华侨的地方,都能听到它的旋律。很多外国朋友接触和学唱的第一首中国歌曲就是《茉莉花》。它聚合了上百年的国乐精华,承载和平与友谊,感动着不同身份、不同背景、不同肤色的人。

一、《茉莉花》何以频频亮相

(一)见证港澳回归

1997年香港回归的交接仪式上,《茉莉花》作为中国军乐团进场时演奏的第一支曲子,见证了香港回归祖国的历史性时刻。据当时担任指挥的总政军乐团总指挥于建芳回忆:"当中国军乐队进场时,现场严肃寂静,奏响《茉莉花》后,我用余光看台下,很多外宾显出喜悦的神情;奏第二段时,中外人士开始打招呼;第三段奏完,全场响起热烈掌声。《茉莉花》在这个特殊时间、特殊场合,起到了意想不到的特殊催化剂作用……"同样,在1999年澳门回归交接仪式上,《茉莉花》作为背景音乐在中方领导人入场时奏响。

(二)奥运会的中国元素

2004年雅典奥运会闭幕式上令人难忘的"中国8分钟",以童声独唱加二胡合奏这种现代与古典结合的形式演绎《茉莉花》,向世界展现了中国作为文明古国的崭新面貌。

2008年北京奥运会和残奥会上,作曲家谭盾运用湖北出土的曾侯乙编钟、玉磬采集音色,与交响乐结合改编而成的《茉莉花》,作为颁奖仪式的背景音乐在北京奥体中心奏响774次,《茉莉花》的旋律传遍了世界各个角落。

(三)国事活动的必备节目

1997年时任国家主席江泽民访问美国和1998年美国前总统克林顿访华,以及2001年的上海APEC会议上,都响起过《茉莉花》的优美旋律;2006年,时任国家主席胡锦涛访问肯尼亚,在会见孔子学院的学生时,学生们演唱了这首《茉莉花》;2017年,习近平总书记访问美国,时任美国总统特朗普的外孙女阿拉贝拉和外孙约瑟夫用中文演唱了《茉莉花》。可见,《茉莉花》成为国家领导人出访、来访等重要国事活动的必备节目、必奏之歌。

(四)音乐会的保留曲目

2002年是中澳建交三十周年,作为文化部主办的"中澳建交三十周年大型文化交流活动"的压轴戏——宋祖英悉尼歌剧院个人独唱音乐会,开场曲就是《茉莉花》。此后,宋祖英在2003年的"维也纳金色大厅个人音乐会"和2006年美国肯尼迪表演艺术中心举办的"好一朵美丽的茉莉花"个人独唱音乐会都以《茉莉花》作为开场曲目。

《茉莉花》承载着"要把中国民族音乐传播到世界各地"的重要使命和美好愿望,成为我国著名艺术表演家、知名艺术团体对外演出的必演曲目、保留曲目。

《茉莉花》为什么在国内重要事件、国际重要场合和外事活动中频频亮相?一方面,它在我国当代文化的海外传播与国际形象构建中,起了至关重要的作用,是我国最具魅力"软实力"的象征。它是中国音乐的代表,在某种意义上更是中国的代表。它作为一种文化符号在中西文化交流中完成了重要使命。另一方面,《茉莉花》是中国所有歌曲里,外国人最早接触、最为熟悉的一首,因为早在1924年就被意大利作曲家普契尼写入了歌剧《图兰朵》。

二、《茉莉花》怎样走进普契尼的世界

普契尼是意大利著名的歌剧作曲家。《图兰朵》(又名《中国公主》)是普契尼根据童话《杜兰铎的三个谜》改编的三幕歌剧，是他影响力最大的作品之一，也是其一生中最后一部作品。

说起《图兰朵》的创作，还有这么一段鲜为人知的故事：1920年8月，一位从中国归来的朋友（前意大利驻华外交官Camossi）送给普契尼一个可以演奏一些中国音乐旋律的八音盒，第一次听到《茉莉花》旋律的普契尼立刻对神秘的中国产生了浓厚的兴趣，也正是这段优美的中国旋律催生了这部伟大歌剧的诞生。普契尼从未到过中国，但是法国作家德拉克洛瓦笔下的《一千零一日》的东方故事开启了他对古老中国的无限遐想，于是故事里的中国公主图兰朵便成了剧中的主人公，《茉莉花》便成了歌剧的主旋律（谱例见图12-1）。

图 12-1 谱例

知识拓展

歌剧《图兰朵》

歌剧《图兰朵》讲述的是一个西方人想象中的中国传奇故事。图兰朵是一位中国元朝的公主，为了报祖母暗夜被掳走遭异族男子杀害之仇，决定对异族王子进行报复，下令如果有男人可以猜出她的三个谜语，她就嫁给他；如果猜错，便处死。许多王子成为刀下之鬼，直到流亡元朝的鞑靼王子卡拉夫出现。卡拉夫在北京城与失散的父皇帖木儿和侍女柳儿重逢时，正好看到了猜谜失败被处决的波斯王子和亲自监斩的图兰朵。卡拉夫被图兰朵的美貌吸引，不顾父亲、柳儿和三位大臣的反对，决定猜谜求婚，并答对了所有问题。但图兰朵拒绝认输，向父皇耍赖，不愿嫁给卡拉夫王子，于是王子自己出了一道谜题，只要公主在天亮前说出他的名字，卡拉夫不但不娶公主，还愿意被处死。公主捉到了王子的父亲帖木儿和丫鬟柳儿，进行严刑逼供。侍女柳儿坚毅不屈，坦言自己对卡拉夫王子的爱，并表示公主冰冷的心终究会被融化，随即拔剑自刎。柳儿的死震撼了图兰朵，卡拉夫在斥责图兰朵的冷酷之后又强行吻了她，以此感化了公主冰雪般冷漠的心，图兰朵最终被感动，接受了王子的真情。

普契尼不是简单地将《茉莉花》旋律加入歌剧《图兰朵》，而是把它作为一个音乐主题贯穿全剧，它象征着图兰朵公主的形象。根据剧情发展的需要不断变换力度、色彩和表现形式。在图兰朵首次上场时，茉莉花的旋律被完整使用，而后每次出场，茉莉花都会长短不一地以不同的方式奏出，衬托不同场景中图兰朵的心境和性格，推动了剧情的发展。经统计，《茉莉花》的旋律在整部歌剧中出现有十次之多，其中有童声合唱、女高音独唱、男高音独唱，还有混声合唱和管弦乐形式；表达的情感也各不相同，有爱、有恨、有生命、有死亡、有诅咒，也有祝福。难怪有人说："歌剧《图兰朵》是在以《茉莉花》为经、中国民间故事为纬的结构上建立起来的。"

《茉莉花》在歌剧中的首次出现是在第一幕，求婚的波斯王子因答题失败将被斩首，舞台被阴森恐怖的气氛笼罩，凄冷的月亮从远处缓缓升起，一群小僧侣提着灯笼走出来，为将死者祈祷，此时，幕后响起的童声合唱就是《茉莉花》曲调，稚嫩的童声合唱让人心生宁静，歌声在清冷的夜空回荡，渲染出图兰朵内心寻求宁静、祥和的愿望。随后是图兰朵第一次亮相，由铜管乐合奏的《茉莉花》旋律，表现了图兰朵公主不可侵犯的威严，烘托出图兰朵高贵的气质、孤傲的性格和冷艳的美丽，让卡拉夫王子一见钟情。此后，作为卡拉夫拒绝父亲劝阻的伴奏出现了一次，低音单簧管与大管奏出了《茉莉花》的第一句旋律。接着，在与父亲帖木儿的争执中，卡拉夫大喊三声"图兰朵"，《茉莉花》的旋律再次响起，依旧是铜管乐领衔，不过同样也只出现了第一句旋律，然后在波斯王子对图兰朵的最后乞求中消失。

第二幕，在卡拉夫敲响象征着求婚的铜锣之后，《茉莉花》音乐随鼓乐的轰鸣而流淌，盘空飘逸，烘托出一种悲伤而阴郁的气氛。此时图兰朵被侍女簇拥，在纱帐中若隐若现。此后，《茉莉花》旋律又出现了两次，一次是在卡拉夫答对第三个问题后，《茉莉花》用合唱形式向卡拉夫致意，歌颂他答对所有问题，此时的《茉莉花》变成了恢弘的颂歌；另一次是伴随着卡拉夫和图兰朵的对话：公主苦苦请求父皇拒绝卡拉夫的求婚，并愤怒地质问卡拉夫。卡拉夫则以不畏惧死亡的决心向心目中高贵的公主求爱……这一段图兰朵用象征自己的《茉莉花》主题唱出她心中的恐惧，而卡拉夫则接过《茉莉花》的旋律来安慰公主。这一次的《茉莉花》比之前的更雄壮响亮，展现出图兰朵公主桀骜不驯的个性和卡拉夫豁达果敢的性格。

第三幕，三大臣抓来了知道卡拉夫名字的帖木儿和柳儿，要一审究竟，王子在被众人的强迫下说出自己的名字，柳儿也受到拷问。随着图兰朵公主进入皇宫的花园，由铜管乐演奏的《茉莉花》旋律再度响起，不卑不亢，不柔不刚，展现出图兰朵开始复归的人性。

《茉莉花》音调的最后一次出现是在卡拉夫强吻了图兰朵后，图兰朵公主流下从未有人见过的泪水，且在怅然若失中喃喃自语："天亮了，图兰朵完了！"此时，轻柔的童声合唱随即响起："天亮了，阳光与生命，一片纯净！"卡拉夫则回应："天亮了，爱情随着旭日东升！"此时，童声合唱团随着《茉莉花》的音乐一同唱着："多么圣洁，多么甜美，都在你的眼泪中……"这一段与第一幕首尾呼应，歌声若有若无、袅袅而起，展现出公主的内心由恨转为爱的温暖，无比甜美。

可见，这部充满东方情调的歌剧《图兰朵》，最引人入胜的莫过于普契尼对中国民歌《茉莉花》的运用。1926年，这部歌剧在米兰的斯卡拉剧院首演，获得巨大成功，随后风靡欧洲，在世界各地上演，代表着中国旋律的茉莉花也逐渐被外国人所熟知。可以说，西方人接受中国旋律是从歌剧《图兰朵》开始的，《茉莉花》是西方人最早接触的中国旋律。

三、流传到海外的第一首民歌

据著名音乐理论家钱仁康先生考证，《茉莉花》是我国流传到海外的第一首民歌。早在18世纪末，中国民歌《茉莉花》就已传入了欧洲。这比普契尼将《茉莉花》写入《图兰朵》还要早130多年。

1792年，英国国王乔治三世派遣自己的表兄马戛尔尼率团出使中国，贺乾隆皇帝八十大寿。在这个使团中有一位叫约翰·贝罗的年轻人，他是使团的财务总管，后来担任了马戛尔尼的私人秘书。他在随身携带的记事本上记录下他初听到中国民歌《茉莉花》时的激动心情：

"……我从未见过有人能像那个中国人那样唱歌，歌声充满了感情而直白。他在一种类似吉他的乐器伴奏下，唱了这首赞美**茉莉花**的歌曲。"

马戛尔尼使团访华是欧洲第一次向中国派遣正式的外交使节，虽然由于中英双方世界观不同，未能达成外交上的共识，却无意中促成了《茉莉花》与欧洲的一段奇缘。马戛尔尼使团在华逗留期间，对北京、天津、东南沿海区域做了大量的调查，甚至包括我国的民歌种类。在采风过程中，约翰·贝罗和使团的一位德籍翻译惠特纳都深深喜欢上了中国民歌《茉莉花》，并把它带回了欧洲。

从史料记载看，最初将《茉莉花》引入欧洲音乐界的，应该是惠特纳。但是惠特纳在正式推出《茉莉花》之前，按照当时西方的音乐规则，为它配上了欧洲风格的引子、尾声和伴奏，这样一来，诚如约翰·贝罗所言，就"再也不是中国朴素旋律的音乐标本了"。

和惠特纳不同，约翰·贝罗对于原汁原味的中国文化更感兴趣。在他出版的回忆这段中国之行的专著《中国旅行记》中，详细记载了乾隆年间中国的民情风俗、妇女家庭、宗教信仰、绘画建筑、语言文学、天文历法、农村面貌等方面，简直可以称得上是当时最全面的一本"中国百科全书"。对于《茉莉花》和其他九首中国民歌，他致力于还它们以本来面目，不加任何修饰。

"……这首歌朴素的旋律被西特纳先生记录了下来。据我所知，这首旋律在加上了引子、尾声、伴奏和欧洲音乐中所有花哨的技巧后，在伦敦出版了。只是这样一来，这首歌再也不是中国朴素旋律的音乐标本了。因此我还它以不加修饰的本来面目，正像那个中国人演唱和演奏的一样。"

——约翰·贝罗，《中国旅行记》（Travelsin China，1804年）

约翰·贝罗在《中国旅行记》中用五线谱形式记下《茉莉花》的曲调，还配以英文歌词翻译，这也是国外最早的关于《茉莉花》词曲的记载。他甚至试图用罗马拼音原汁原味地记录下《茉莉花》的广东发音中文歌词：

"好一朵鲜花，有朝一日落在我家，我便戴，不出门，对着鲜花乐。

好一朵茉莉花，满园花开赛不过它。我便待采一朵戴，但又恐看花人骂。"

中国民歌《茉莉花》在全世界得以流传，约翰·贝罗功不可没。正是他在欧洲音乐史上最早对《茉莉花》采用五线谱记谱并翻译了英语歌词，才使得乾隆年间的《茉莉花》的完整曲调得以保存下来，并在短短三四年间，广泛在欧洲各国流传，甚至有了英、法、荷、德等不同文字的版本。在19世纪德国、英国、丹麦、美国等西方音乐家所编著的音乐史著作和音乐曲谱中，约翰·贝罗记录下的《茉莉花》均被作为东方音乐的典型加以了介绍。

马戛尔尼使团无心插柳，将《茉莉花》的种子撒到了欧洲的大地上。《茉莉花》在欧洲经历了一个由民间小调转换为高雅艺术的历史轨迹，最终在欧洲的歌剧舞台得以绽放开来。所以，我们既要感谢普契尼把我国美丽动听的民歌《茉莉花》带到欧洲，带给全世界；更要感谢约翰·贝罗，还原了民歌《茉莉花》最本真、原始的模样，保留了中国音乐旋律的精髓。

四、《茉莉花》的词曲如何演变

(一)《茉莉花》与《鲜花调》

据记载,《茉莉花》歌词最早见于清乾隆二十九至三十九年间(1764—1774年)刻印的戏曲剧本集《缀白裘》。

> 好一朵鲜花,好一朵鲜花,有朝一日落在我家。你若是不开放,对着鲜花骂。
>
> 好一朵茉莉花,好一朵茉莉花,满园的花开赛不过了他。本待要采一朵戴,又恐怕看花的骂。
>
> ——【清】钱德苍编纂《缀白裘》,第六集,卷一《花鼓曲》

《缀白裘》一书没有曲谱,但它所记录下来的歌词对后来这首歌曲的流传具有基础性的意义。后人有的只用《花鼓曲》第一段唱词的重叠句"好一朵鲜花",便称之为《鲜花调》(见图12-2);也有从第二段唱词"好一朵茉莉花"为基础发展的,便称之为《茉莉花》。

《茉莉花》的曲谱记录,在国内最早见于1821年(清道光元年,另一说为道光十七年,即1837年),由"贮香主人"编辑刊刻的《小慧集》一书中用工尺谱记录的《鲜花调》。虽不能考证具体产生的时间,但可以确定在采集之前就已广泛流传于民间。全曲共两段唱词,与《缀白裘》的《花鼓曲》相比,词义基本相同。

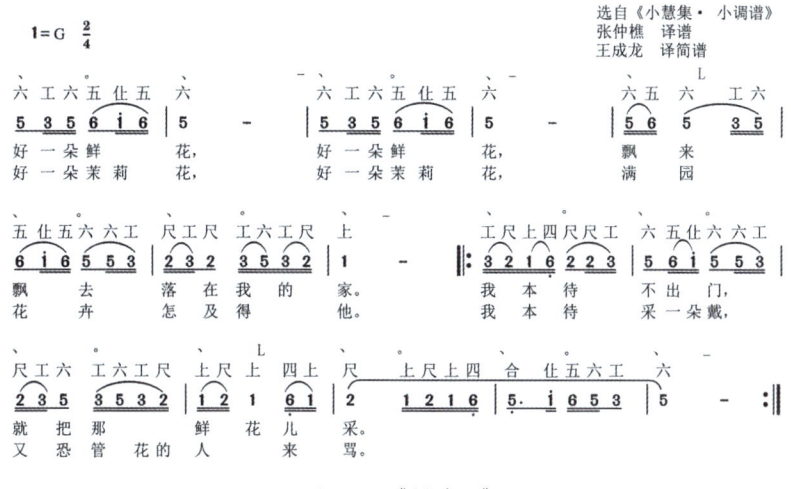

图 12-2 《鲜花调》

气韵生动（传统美育）

《茉莉花》在清代被称为《鲜花调》。它的曲调婉转动听，优美抒情，是当时非常受人欢迎的曲调之一，自明清时期就传遍大江南北，并演化出很多不同的版本，形成一个庞大的《茉莉花》家族。而最接近《鲜花调》原生形态的应该是江苏、浙江一带的《茉莉花》，它是《鲜花调》同宗民歌中最接近"母体"的典型曲调，具有鲜明的江南音乐风格特征。

知识拓展

同宗民歌

所谓同宗民歌，是指一首民歌的"母体"由于音乐传播的作用，由一地流传到另一地乃至全国各地，演变出若干"子体"的民歌群。同宗现象在民族音乐的流变中较为普遍，与人类同族、同姓具有相似性，经过演变的同宗民歌会派生出不同的风格，但依然会保留许多共同之处。

（二）何仿与《茉莉花》的情缘

说起江苏民歌《茉莉花》，就不得不提到何仿，他是一位著名的音乐家、作曲家，对江苏民歌《茉莉花》的采集、整理改编和流传推广做出了重要贡献，正是他才让这首极富江南情韵的民歌家喻户晓，人尽能唱。

1942年冬天，年仅14岁的何仿随着新四军淮南大众剧团来到南京六合金牛山脚下演出，慕名拜访了当地一位弹唱艺人。这位艺人身材瘦长，穿着破棉袄，戴着破毡帽。当他得知面前的何仿是新四军战士，特意来向他请教民歌小调时，就热情地从墙上取下胡琴，校好琴弦，说："小同志，我给你唱一曲《鲜花调》吧！"说完他拉起胡琴，用模仿女声的高八度假嗓音唱起《茉莉花》的最初版本《鲜花调》：

> 好一朵茉莉花，好一朵茉莉花，
> 满园花草香也香不过它，
> 奴有心采一朵戴，又怕来年不发芽；
> 好一朵金银花，好一朵金银花，
> 金银花开好比勾儿牙，
> 奴有心采一朵戴，看花的人儿要将奴骂；
> 好一朵玫瑰花，好一朵玫瑰花，
> 玫瑰花开碗呀碗口大，

奴有心采一朵戴，又怕刺儿把手扎。

何仿一下子就被这婉转悠扬、优美动听的《鲜花调》旋律迷住了，当场就请艺人教他唱，并一句句用心记下了曲谱和歌词，直到能准确地按照艺人教他的方法演唱了方才离开。从此，这首清朝道光年间流传下来的民歌，深深地刻印在何仿的心中。

此后，他花了大半天的时间，用简谱记下了该曲。由于《鲜花调》是民间的创作，所以整体上显得有些粗糙，三段歌词内容比较散，第一段唱茉莉花，第二段唱金银花，第三段唱玫瑰花，不能给人鲜明的形象和统一的格调。何仿考虑再三，将《鲜花调》进行了改编，把歌词中描述的三种花统一为茉莉花，并以此作为歌名；将歌词中带有封建色彩的"奴"改成了"我"；还将"满园花草"改为"满园花开"，一字之改，变静为动，更显意蕴；又将"看花的人儿要将我骂"改为"又怕看花的人儿骂"，体现出爱花、赏花的含蓄之美；同时，对旋律也进行了进一步的丰富，这就有了我们现在常常听到、广为熟知的这首江苏版民歌的《茉莉花》（见图12-3）。

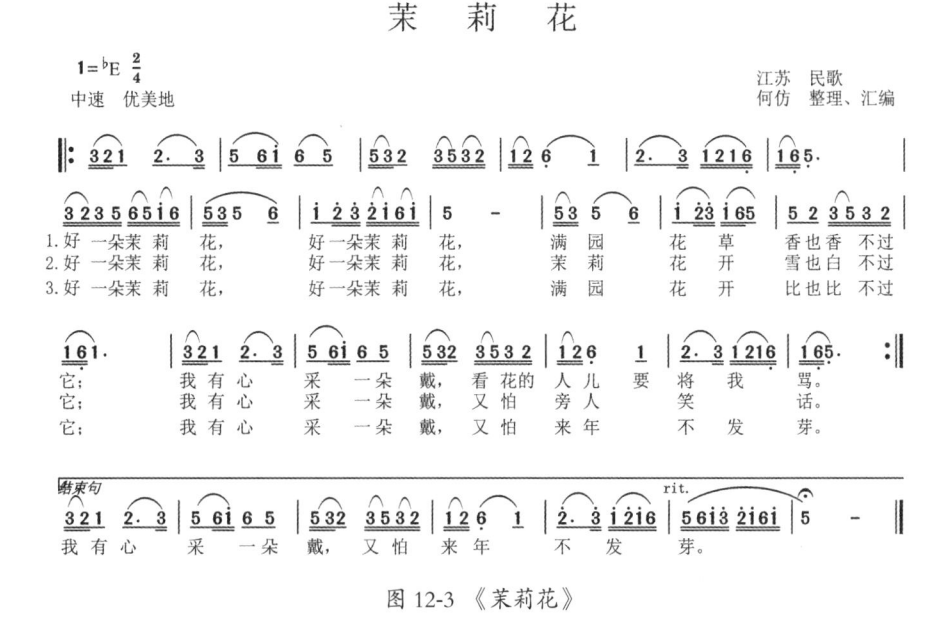

图 12-3 《茉莉花》

1957年，这首经何仿改编的《茉莉花》在北京全军文艺会演上首次公开演出，获得极大反响，并因此灌制成唱片发行；1959年，这首《茉莉花》正式走出国门，参加第七届维也纳世界青年联欢节，获得金奖，产生了巨大的国际影响力。此后，它跟随着我们敬爱的周恩来总理的步伐走到俄罗斯、布达佩斯、雅加达、金边……优美动听的旋律倾倒了世界各地不同肤色的人民。1982年，联合国教科文组织向世界推荐《茉莉花》，并将其确定为亚太地区的音乐教材。这首清丽优美的江南民歌《茉莉花》唱红了中国，响彻了全球。

（三）茉莉花的"同曲变体"

所谓"同曲变体"，是指一首民歌在口耳相传的过程中，渐渐结合了各地的民风、方言及音乐风格等特点，衍变出不同的变体。它们的歌词或词义往往大体相同，但曲调受地域特点和区域文化的熏陶和融合，发生流变，形成各异的形态。据不完全统计，在全国各地流传的《茉莉花》有几十种甚至上百种之多。各地的《茉莉花》各有各的风格韵味。如河北的《茉莉花》，曲调起伏大，跳进较多，特别是在演唱时加入大量的滑音式的润腔方法，使旋律具有北方音乐的风格特征（见图12-4）；而河南的《茉莉花》以八分音符为主旋律，加上了前倚音、后倚音，迎合了河南的语言习惯，并融进了豫剧的音乐气息，显得粗犷而豪迈；再如东北的《茉莉花》，吸收了东北方言及其主流音乐文化"二人转"，旋律简练朴实，诙谐幽默，抒情中又显现热情开朗，体现了东北人的豪爽气质，尤其是"哎呀""哎哎呀"等衬词衬腔的运用恰到好处，别具一格，极具东北地方特色（见图12-5）。

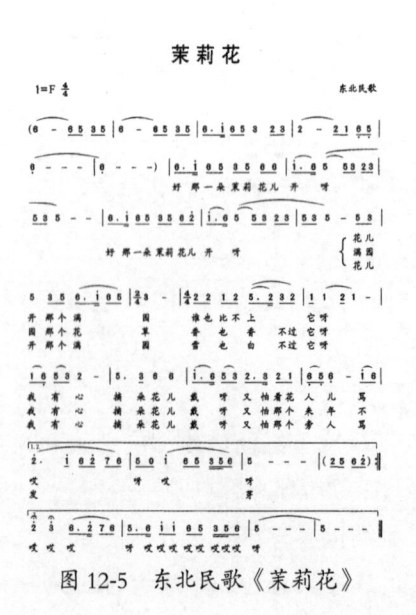

图12-4　河北民歌《茉莉花》

图12-5　东北民歌《茉莉花》

第十二讲 《茉莉花》何以香遍世界

河北民歌《茉莉花》

东北民歌《茉莉花》

而江南民歌《茉莉花》是被公认的"母体",它在扬州清曲《鲜花调》的基础上发展而来,采用传统的五声徵调式,旋律以级进为主,具有柔美婉约、清雅秀丽的特点。目前在江南地区流传最广泛的《茉莉花》有两个版本,一首是何仿采集改编的江苏民歌,另一首是被写入歌剧《图兰朵》的《茉莉花》。对比这两个版本的曲调会发现,它们除了节奏的疏密不同外,在整首歌曲旋律的骨干音上惊人地相似,如果以相同的速度进行演唱,则宛如同一首歌,亦可称之为是江南民歌《茉莉花》的"孪生姐妹"(见图12-6)。

茉 莉 花

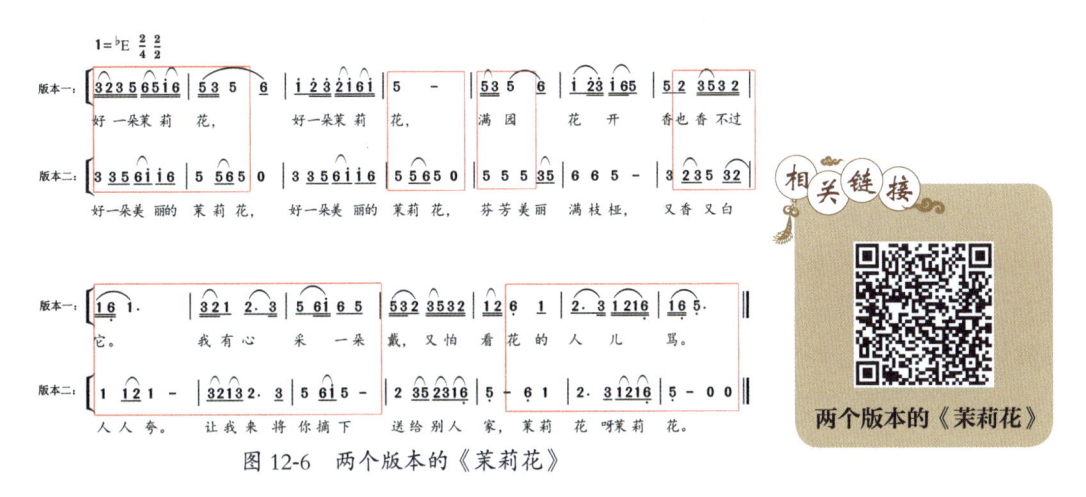

两个版本的《茉莉花》

图 12-6 两个版本的《茉莉花》

五、世界听懂《茉莉花》了吗

(一)《茉莉花》为何会受到西方人的欢迎

中西方音乐审美存在着较大差异,中国讲究旋律之美,西方注重和声之美。在中国

气韵生动（传统美育）

传统音乐中，单声音乐是其主要的表现形式，旋律的发展在音乐进行中具有相当重要的地位；而西方音乐起源于宗教音乐，它是在格里高利圣咏基础上逐渐发展起来的多声部音乐，与我们传统音乐不同的是，他们更讲究和声之美，注重音乐的层次感和秩序美。民歌《茉莉花》之所以受到西方人的欢迎，并在全世界广泛传播，得益于它自身的特点：一方面，它的五声音阶曲调本身具有鲜明民族特色，尤其是它流畅的旋律，基本采用五声音阶的级进模式，给人以平稳、亲切、柔和、细腻的美感，易于学唱；另一方面，是它周期性反复的匀称结构，又能与西方的审美习惯相适应。可以说，《茉莉花》包含着同时能为西方人和东方人的审美所接受的优越性。

试想，如果当年普契尼听到的是何仿采集的《茉莉花》，或是东北民歌、河北民歌《茉莉花》，他会不会将其写进歌剧并创作出举世瞩目的《图兰朵》呢？不得而知。只能说不同的旋律代表着不同的音乐形象，何仿版本的《茉莉花》节奏较密，以十六分音符为主，歌词紧凑、朗朗上口，给人以欢快活泼的感觉，更适合表现一位爱花、赏花，可爱又羞涩的乡村姑娘形象；而普契尼在八音盒中听到的旋律更符合中国公主稳重、高贵的气质。这也体现了中西文化传播时偶然性中的必然性——在文化交流与传播中，人们往往会选择更适合于本民族的表现元素，因为只有适合的才是最好的。

（二）"茉莉花"的创生与发展

《茉莉花》在全世界广为传播并深受各国人民大众喜爱，不仅因为它是中国民间艺术的精品，还在于它能顺应时代发展的潮流，与当下更多的体裁及作品融合，实现新的发展，以适应历史文化发展环境和民众的审美需要。它被改编成合唱、钢琴独奏、编钟古乐、民乐合奏、交响乐等多种形式进行演绎，展现这朵东方茉莉的独特魅力；更多的艺术家对《茉莉花》进行再创作，使其词曲旋律为自己所用，创生了新的作品。如G20杭州峰会文艺晚会上演唱的《难忘茉莉花》，正是在大家熟知的《茉莉花》基础上进行改编的，既保留了原曲的独特风韵，又增加了现代的意蕴表达。尤其是副歌部分，当唱起"好一朵美丽的茉莉花……"时全场响起热烈掌声，引起大家的广泛共鸣。一方面，它在世界各国的领导人面前，再度展现出了东方文化的神韵与精华；另一方面也令中国的观众、听众都能在这熟悉的旋律声中，感受到新的活力。中国的"茉莉花"正以崭新的姿态，向世人吐露着新的芬芳。

《茉莉花》在国外也有多种版本流传，著名的美国萨克斯演奏大师凯利金将《茉莉花》改编成长达8分钟的萨克斯演奏曲，清香四溢，风靡世界；美国发射的一艘向外太空飞行寻找宇宙生命的飞船，搭载许多国家的优美音乐进入太空，《茉莉花》和《梁祝》

作为中国的经典名曲入选,《茉莉花》得以香飘宇宙,成为真正的响彻太空的天籁之音。

(三)"茉莉花"传递的意象美

歌词中用了"香"和"白"来描写茉莉花的形象,这是我们赋予它的物象,但这两个字中还包含着深刻的寓意:"白"象征着洁白、纯洁,我们借助茉莉花传递中国人在为人处事时追求的操守;"香"迎合了中国文人士大夫对"香"文化的崇尚,表达的是中国人内心的追求,中国自古就有"配香"的传统与礼仪,如香囊在中国文化中寓意着驱邪。歌词中以"洁白芳香"来赞美茉莉花朴实无华的优秀品质,同时,也是借助茉莉花来传递中国文化中,我们在为人处事时对纯洁与美好的追求,进而象征中国人民如茉莉花般单纯质朴的民族品格,这也是为何《茉莉花》拥有"第二国歌"美称的原因所在。

因之,中国民歌《茉莉花》不是一首单纯的中国名曲,它的旋律中凝聚了太多印记,它见证了中国文化的更迭、时代的变迁,见证了中华人民共和国成立以来,在政治、经济、文化、艺术、体育等多方面实力的稳步提升。它作为中华文化的代表向世人展现了源远流长、博大精深的中国文化,展现了中国人民如茉莉花般单纯质朴、清新醇厚、典雅纯洁的民族品格。它是中国的,也是世界的。它代表着中国向世界张开怀抱、传递友谊,于是这朵"茉莉花"开遍了世界的各个角落,用它淡雅的清香不断传递着来自中国的文化、艺术、人格、品行,在世界各国面前展示来自中国的美丽与魅力。

愿每一个人心中都有一朵属于自己的茉莉花,散发出独特的清香!

主讲教师：倪淑萍

教授

金华职业技术学院公共基础学院（马克思主义学院）院长，浙江省音乐表演专业带头人，浙江省"优秀青年教师"，金华市"３２１人才工程"第一层次培养对象

◎ 在《文艺理论与批评》《艺术百家》等刊物发表论文 20 余篇，其中人大复印资料转载 1 篇，CSSCI 收录 7 篇。
◎ 主持完成省部级课题研究 3 项。
◎ 出版专著 1 部，主编教材 5 部。
◎ 研究成果分获浙江省青年优秀社科成果奖、金华市优秀社科成果二等奖。

主讲教师：沈滨凯

教授

金华市"文化人才"

◎ 主要研究方向为钢琴演奏。
◎ 主持完成省部级课题 1 项，核心参与 7 项。
◎ 在《中国音乐学》《艺术百家》等专业期刊发表论文 30 余篇，其中一级期刊 1 篇，CSSCI 收录 5 篇，参编《大学音乐基础与欣赏》教材。

参考文献

[1] 袁行霈. 中国诗歌艺术研究 [M]. 北京：北京大学出版社，2019.

[2] 宗白华. 美学散步 [M]. 上海：上海人民出版社，2014.

[3] 薛珍."山"及其参构词的语义分析及文化阐释 [D]. 福建师范大学. 2017.

[4] 焦文倩. 魏晋山水意象的审美研究 [D]. 曲阜：曲阜师范大学. 2017.

[5] 李后强. 用"关键词提取法"确认杨慎《临江仙》写于泸州 [J]. 巴蜀史志，2019（06）：77-78.

[6] 习明康. 后人披露杨慎《临江仙》背景：创作在充军路上 [EB/DL]. (2012-3-29)[2021.10.20]. http://www.chinawriter.com.cn/2012/2012-03-29/123122.html.

[7] 许慎. 说文解字 [M]. 杭州：浙江古籍出版社，2016.

[8] 鲁迅. 汉文学史纲要 [M]. 北京：北京联合出版公司，2014.

[9] 梁思成. 中国建筑史 [M]. 天津：百花文艺出版社，2005.

[10] 伊东忠太. 中国建筑史 [M]. 廖伊庄，译. 北京：中国画报出版社，2018.

[11] 潘谷西. 中国建筑史 [M]. 北京：中国建筑工业出版社，2004.

[12] 刘敦桢. 中国古代建筑史 [M]. 北京：中国建筑工业出版社，1984.

[13] 王海英，肖灵. 舞蹈训练与编创 [M]. 北京：高等教育出版社，2002.

[14] 潘志涛. 中国民族民间舞教学法 [M]. 上海：上海音乐出版社，2004.

[15] 吕艺生. 舞蹈教育学 [M]. 上海：上海音乐出版社，2000.

[16] 杨鸥. 舞蹈训练学 [M]. 上海：上海音乐出版社，2009.

[17] 金亮. 舞出壁画——敦煌壁画舞姿与敦煌舞教学体系 [M]. 上海：上海音乐出版社，2020.

[18] 孙琦. 唐朝敦煌壁画中的飞天造型研究 [D]. 郑州：郑州大学，2016.

[19] 蔡龙云. 琴剑楼武术文集 [M]. 北京：人民体育出版社，2007.

[20] 马文友. 中国武术审美文化 [M]. 北京：中国大百科全书出版社，2016.

[21] 陈照奎，马虹. 陈氏太极拳拳法拳理 [M]. 北京：北京体育大学出版社，1998.

[22] 王岗. 中国武术技术要义 [M]. 太原：山西科学技术出版社，2009.

[23] 叶朗. 中国美学通史：汉代卷 [M]. 南京：江苏人民出版社，2014.

[24] 邱丕相. 武术套路运动的美学特征与艺术性 [J]. 上海体育学院学报，2004（02）：39-43.

[25] 王岗，郭华帅.太极拳：一种典型的水文化[J].武汉体育学院学报，2009，43（03）：81-86.

[26] 陈保学，王美杰，胡昌领.中国武术生命美学历程及其新时代使命研究[J].沈阳体育学院学报，2019，38（01）：136-144.

[27] 张勇，马文友，李守培.从技击走向审美：中国武术套路特征分析[J].天津体育学院学报，2013，28（01）：31-34.

[28] 王岗，陈保学.中国武术美学精神论略[J].上海体育学院学报，2019，43（02）：103-110.

[29] 张玉金.汉字与玉石[M].广州：暨南大学出版社，2019.

[30] 胡建君.怀玉——红山良渚佩饰玉[M].上海：上海文化出版社，2018.

[31] 王沛.浅议我国玉文化之渊源及赏玉审美标准的传承发展[J].宝藏，2021（03）：110-114.

[32] 陈瑜.玉文化是江南文化最深远的精神原型.文汇报.2019年1月

[33] 赵运涛."励志"植物变身"岁寒三友"，这个组合是何时"出道"的？北晚新视觉网，2018.12

[34] 罗家祥.华中国学：2017年.秋之卷（总第9卷）[M].武汉华中科技大学出版社，2018.

[35] 路成文."国色天香"见证历史兴亡——唐宋牡丹诗词的文化观照[M].南京：河海大学出版社，2019.

[36] 汤兆基.篆刻自学与欣赏[M].上海：上海书店出版社，2015.

[37] 赵昌智，祝竹.中国篆刻史[M].上海：上海人民出版社，2006.

[38] 阚男男.安徽宣纸、书法、篆刻[M].长春：吉林出版集团有限责任公司，2014.

[39] 杨炎之.专访|后晓荣：印章如何成为中国人权力的象征[EB/OL].（2017-8-10）[2021.11.20].http://www.thepaper.cn/newsDetail_forward_1733062.

[40] 李锦林.中外美术史[M].北京：北京工艺美术出版社，2012.

[41] 丁建顺.古典篆刻的人文意蕴[M].上海：上海人民出版社，2012.

[42] 王嫣嫣，赵富强，赵海英.中国艺术百科全书：篆书[M].长春：吉林文史出版社，2005.

[43] 袁有根，苏涵，李晓庵.顾恺之研究[M].北京：民族出版社，2005.

[44]《美术大观》编辑部编.中国美术教育学术论丛：造型艺术卷6[M].沈阳：辽宁美术出版社，2016.

[45] 五代·黄筌《写生珍禽图》.顾工名画记.[2020-11-30]

[46] 陈铁梅.百幅名画欣赏[M].太原：山西教育出版社，2018.

[47] 胡巧红.中国画留白艺术认识[D].杭州：杭州师范大学，2007.

[48] 巴奕.陆俨少山水画中云的运用研究[D].哈尔滨：哈尔滨师范大学，2020.

[49] 罗平冠.中国音乐"留白"的美学思想及代表作[J].全国商情（理论研究），2010（13）：113-114.

[50] 胡向阳.点描与留白——古琴曲的多声形态研究[J].音乐研究，2002（02）：73-78.

[51] 顾运艳. 解读南宋马远作品中的留白之美 [J]. 美术教育研究, 2016（02）: 17.
[52] 李潇潇. 古琴音乐的"留白"探析 [J]. 黄河之声, 2018（24）: 16.
[53] 邓雅, 梁惠娥. 浅议汉服风韵与国服 [J]. 饰, 2006（3）: 40-42.
[54] 王统斌, 梁惠娥. 基于文化遗产保护与传承的古代左衽服装探究 [J]. 丝绸, 2010（10）: 51-53+59.
[55] 付丽娜, 谷联磊. 浅析传统汉服中的"天人合一"的造物文化精神 [J]. 轻纺工业与技术, 2016, 45（1）: 42-44.
[56] 黄苹. 近代中西服饰审美比较——以三寸金莲与紧身胸衣为例 [J]. 青年文学家, 2014（33）: 139.
[57] 范树林. 试论中国传统服饰的设计艺术 [D]. 保定: 河北大学, 2004.
[58] 凤凤. 唐代婚服与婚俗关系初探 [D]. 济南: 山东大学, 2008.
[59] 黎显珍. 浅议中国传统服饰和现代服装服饰 [J]. 文艺生活: 下旬刊, 2012（3）: 2.
[60] 江明惇. 中国民族音乐 [M]. 北京: 高等教育出版社, 2007.
[61] 刘再生. 中国音乐史简明教程 [M]. 上海: 上海音乐学院出版社, 2006.
[62] 周青青. 中国民间音乐概论 [M]. 北京: 人民音乐出版社, 2003.
[63] 罗婷. 不同地域《茉莉花》的艺术特色 [J]. 民族音乐, 2008（4）: 18-19.
[64] 杨怡. 民歌"茉莉花"曲调在西方音乐中的应用——以歌剧《图兰朵》为例 [J]. 北方音乐, 2015, 35（4）: 174.
[65] 丁令卉. 浅论民歌《茉莉花》在歌剧《图兰朵》中的表现及作用 [J]. 今古文创, 2021（22）: 100-101.